KB019632

君が戦争を欲しないならば

당신이 전쟁을 원하지 않는다면

다카하타 이사오 지음
유성운 번역

마르코폴로

"나는 죽었다."
〈반딧불이의 묘〉 첫 대사

CONTENTS

말하지 않았던 전쟁 체험

민주주의 교육 1기생으로서의 전후 체험

3

전쟁을 원하지 않는다면 무엇을 해야만 하는가

1

말하지 않았던 전쟁 체험

인생 최대의 사건

우선, 1945년 6월 29일 새벽 오카야마(岡山) 공습으로 운명을 달리하신 (공식 기록에 남은) 1만 7천3백7분께 삼가 명복을 빕니다.

저는 이제 79세로 꽤 오랫동안 살았습니다만, 그래도 이 오카야마 공습은 여전히 제 인생에서 가장 큰 사건입니다. 그때 구사일생으로 살아났다고 생각하고, 다른 사람에게도 그렇게 말해 왔습니다. 그럼에도 지금까지 공습 당시 겪었던 경험을 누구에게도, 심지어 제 자식에게도 자세히 말한 적이 없었습니다.

공습뿐만이 아닙니다. 그 전쟁에서는 히로시마와 나가

사키는 물론 오키나와에서도, 또한 히키아게(引き揚げ)*에서도 민간인과 아이들이 실로 비참한 일을 겪었습니다.

그리고 일본이 전쟁터로 만든 많은 나라의 사람들과 일본 병사들 역시 큰 곤욕을 치렀고, 수많은 사람이 죽었습니다. 그에 비하면 제가 겪은 일 따위는 말씀드릴 만한 게 못 된다는 생각이 계속 들었습니다. 이 자리에는 아마도 저보다 훨씬 더 힘든 고초를 겪은 분들이 많이 계실 거예요. 그런 가운데 제가 겪은 일을 이야기한다는 것은, 매우 외람된 일이라고 생각합니다.

---

*히키아게(引き揚げ)는 일본의 식민지였던 조선, 만주, 대만, 사할린 등에 거주했다가 귀국한 일본인들이 머물렀던 곳. 재산을 두고 온 이들을 거주시키기 위해 하카타(博多)·우라가(浦賀) 등이 지정됐다. 이들을 히키아게샤(引揚者)라고 하며 약 500만 명으로 추정된다.

'반전 영화'가 될 수 없는 <반딧불이의 묘>

공습 체험을 이야기하는 것에 적극적이지 않았던 이유가 한 가지 더 있습니다. '반전'(反戰)을 생각하며 그런 체험을 이야기한들, 과연 그것이 앞으로의 전쟁을 막는 힘이 될 수 있을까 하는 의심이 들어서입니다.

지금으로부터 27년 전, 저는 <반딧불이의 묘>(1988)라는 작품을 만들었습니다. 이 영화는 고베 공습으로 어머니를 잃은 남매가 힘겨운 상황 속에서 결국 목숨마저 잃고 마는 내용인데, 대체 그 아이들이 어쩌다가 그렇게되었는지를 다룬 작품입니다. 당시 스태프들은 모두 젊었고, 조금이나마 전쟁을 직접 겪어 본 사람은 저밖에 없었습니다.

〈반딧불이의 묘〉가 나오자 이 작품은 '반전 영화'라
는 장르로 분류됐습니다. 그렇지만 저는 "이건 반전 영화
가 아니다"라고 주장했어요. 그렇다고 이 작품이 어떤 영
화로 만들고자 작정했던 것인지를, 여기서 설명하게 되
면 이야기가 너무 길어질 테니까 하지 않겠습니다. 다만
〈반딧불이의 묘〉가 왜 '반전 영화'가 아닌지에 대해서는
말씀드리겠습니다.

전쟁 말기에 일본은 막다른 골목에 몰렸습니다. 이미
거론한 것처럼 전쟁 중반부터 종전에 걸쳐 매우 참혹한
상황이 이어졌습니다. 물론 그런 쓰라린 체험은 제대로
이야기하고, 기록하고, 전승되어야 할 것입니다. 〈반딧
불이의 묘〉도 전쟁이 가져온 참화와 비극을 다뤘습니다.
그러나 그런 체험들을 아무리 이야기한들, 향후 전쟁을
막는 데 큰 도움이 되지 않을 것이라는 게 제 생각입니
다.

그 이유를 단적으로 말씀드리자면 전쟁을 일으키고 싶
어 하는 사람도 이렇게 비참한 상황이 되어도 좋다고는
절대로 말하지 않기 때문입니다. 오히려 "그렇게 비참하
게 되지 않기 위해 전쟁을 할 수밖에 없다"라든지 "군비

를 증강하지 않으면 안 된다"고들 말하죠.

　그런 점에서 생각해 보면 얼마나 처참한 상황을 겪었는지를 이야기한들, 아니 설령 이야기하지 않더라도 세계 곳곳에서는 지금도 비참한 전쟁이 계속되고 있잖아요. TV나 무언가를 통해 전쟁이 얼마나 비참한 상황을 만들어 내는지 분명히 알 수 있는데, 그럼에도 전쟁은 계속 일어나고 있습니다. 국가는 전쟁을 선택하죠. 미국 같은 나라는 몇 번이나 전쟁을 했잖아요. 그리고 그때마다 전쟁이 벌어진 나라의 국민들은 물론이고, 미국 국민들 역시 쓰라린 고통을 겪었는데도, 심지어 전쟁으로 어느 것 하나 성공하지 못했는데도 그래도 하는 거예요.

진심으로 전쟁을 막는다는 것

일본은 자신이 벌인 전쟁에서 궁지에 몰려 큰 봉변을 당한 것이긴 하지만, 미국도 지독했습니다. 오카야마 공습도 완전히 일반인에 대한 무차별 공격이었습니다.

하지만 일본인들은 태평양전쟁의 결과로 미국에게 그렇게까지 가혹한 일을 당했던 것에 대해서 별로 의식하려고 하지 않아요. 마치 천재지변처럼 받아들입니다.

히로시마의 위령비에도 "과오는 되풀이되지 않을 것입니다"라고만 적혀 있습니다. 주어가 매우 애매합니다. 그런 심리가 거꾸로 자신들이 다른 나라를 침략했고 그 결과로 초래한 재앙이나 그 나라 사람들의 고통과 원한에 대해 둔감해지게 만드는 것 아닐까요. 아무래도 우리는 가해자로서의 일본에 대해서는 제대로 의식하지 못하고 있다고 생각합니다.

2005년 한국에서 예정됐던 〈반딧불이의 묘〉 개봉이 갑작스럽게 취소된 적이 있었습니다. 당시 시마네(島根)현이 '다케시마(竹島)의 날'을 지정하면서 한국에서는 반일 감정이 격화됐습니다. 그러던 차에 이 영화가 인터넷에서 일부 사람들에게 공격 대상이 되자, 배급사 측에서 우려한 것이죠.

그런데 한국인들은 이 영화에 대해 왜 반발했을까요? 그것은 '일본인을 전쟁의 피해자로 묘사한다'는 이유 때문입니다. 확실히 이 영화의 주인공인 두 아이들은 전쟁의 피해자이자 희생자이며 일본인입니다.

'그게 무슨 문제라도 되나?'라고 생각하실지 모릅니다. 하지만 저는 이미 홍콩의 젊은 세대들로부터 〈반딧불이의 묘〉가 일본의 가해자적 측면에 대해선 그리지 않았다는 비난을 받은 적이 있었기 때문에 놀라지 않았습니다. 그만큼 침략을 당하고 지배를 받은 데 따른 상처가 깊다는 것을 마음속 깊이 새기고 있습니다.

하지만 이런 일도 있었습니다. 오랜 세월 일본을 미

워했던 한국의 노부인이 이 영화를 보고 눈물을 흘리며, '일본인들도 참 힘들었구나'라고 대학생인 손자에게 말했다고 합니다. 그 손자분이 저에게 직접 해 주신 이야기입니다.

〈반딧불이의 묘〉라는, 일본에서 단순히 '반전 영화'로 치부되는 영화를 놓고 해외에서는 이처럼 복잡한 반응이 나올 수 있는 것입니다.

전쟁에서 패배함으로써 겪어야 했던 비참한 체험을 이야기한다고 해서 앞으로 일어날지 모르는 전쟁을 막을 수는 없다고 생각합니다.

그러니까 역시 우리는 그렇게 되기 전의 상황과 왜 전쟁을 시작했는지, 그리고 어떻게 했으면 전쟁을 하지 않아도 됐을지, 그리고 전쟁이 시작된 뒤 정치가와 국민은 대체 어떻게 행동했는지, 이런 것들을 더 배워야 하는 게 아닐까요.

그러나 6월 29일(이 날짜는 한 번도 잊은 적이 없습니다) 오늘 오카야마에서 평화에 대한 생각을 말하기로 했을 때, 역시 70년 전 이날 제가 겪었던 공습으로 이야기를 시작해야겠다는 생각이 들었습니다. 그 지역에 대한 지리적 감각을 갖고 계신 분들은 당시 제가 겪은 체험을

잘 이해해 주고 공유할 수 있잖아요. 그러니 오카야마를
잘 아는 여러분께서 들어 주셨으면 합니다.

오카야마 공습의 밤

당시 저는 아홉 살, 곧 열 살이 되는 국민학교 4학년이었습니다. 국민학교라는 것은 당시에 소학교(한국의 초등학교)를 그렇게 이야기했어요.

그날 밤, 저는 2층에서 자고 있었습니다. 문득 주위가 소란스러워서 눈을 뜨니 창밖 남서쪽 방향이 붉어져 있더군요. 아직 공습경보는 울리지 않은 것 같았지만, 곧 공습이 시작된다는 것을 알고 벌떡 일어났습니다. 무척 당황했죠. 옷을 갈아입지도 않고 짐옷 바람으로 아래층에 내려갔는데, 가족들이 없어요. 그래서 맨발로 밖으로 뛰쳐나갔습니다. 그랬더니 집 앞으로 나 있는 길에 사람들이 자꾸만 서쪽에서 동쪽을 향해 달려가는 거예요.

저는 집안의 막내였어요. 바로 위의 6학년인 누나가 밖에 나와 있는데, 다른 다섯 식구는 안 보이더군요. 그럼 다시 집으로 한번 들어가 봤어야 했는데, 눈앞에서 허겁지겁 달리며 도망치는 사람들을 보고 있자니 겁이 덜컥 났어요.

그래서 그럴 리가 없는데도, '두고 간 것 아닌가'라는 불안감에 사로잡혀 인파를 따라서 달려 나갔습니다. 한 살 터울의 누나와 둘이서요.

그때 우리가 살았던 곳은 지금 '아쿠라(あくら) 거리'라고 부르는 길의 남쪽에 면해 있었어요. 맞은편은 옛날 이즈시(出石) 소학교 교정의 담장이었습니다. 당시 주소는 시모이시이(下石井), 지금의 야나기마치(柳町) 1가인데, 그 서남쪽인 다이쿠(大供) 주변이 불타고 있었어요. 그래서 우리 집에서 보면 동쪽, 아직 불타지 않은 중심가를 향해 모두 도망치고 있었던 것이죠.

저도 그 무리에 합류해 달려갔고, 니시카와(西川) 하천을 건너 맞은편 거리에 닿았습니다. 그제야 사람들은 제각각 흩어지고, 다 같이 움직이던 흐름 같은 것도 사라졌습니다.

우리는 아무런 목적도 없이 사람들을 따라 달려왔을 뿐이니 어찌해야 할지를 모르겠더군요. 길가에는 깊은 하수구 같은 도랑이 있었는데, 방공호라고 여겨서 거기에 숨는 사람들이 있었어요. 그래서 우리도 거기에 들어가려고 했는데, 어린아이의 폐쇄공포증이라고 할까요. 오히려 무서운 생각이 드는 거예요. 그래서 거기에 들어가지 않고 다시 도망을 쳤어요. 다른 곳에도 방공호가 있긴 했는데 들어가진 않았어요. 나중에 알게 됐지만, 그게 정답이었습니다.

큰 방공호나 방공호를 대체하는 곳이라고 생각됐던, 예를 들어 렌죠지(蓮昌寺)라는 사찰의 지하라든가, 덴마야(天満屋, 1829년에 창업한 백화점)의 지하 같은 데서 엄청나게 많은 사람들이 죽었다고 하더군요. 이것은 공습 당시 소이탄(燒夷彈)*을 투하했기 때문입니다. 소이탄에는 방공호가 아무런 도움도 되지 않아서, 사람들은 산소 부족으로 질식사하거나 찜통 속 구이가 되어 버린 것이죠.

---

*소이탄(燒夷彈, incendiary bomb)이란, 소이제(燒夷劑)를 써서 목표물을 불살라 없애는 데 쓰는 포탄이나 폭탄.

올바른 정보를 알리지 않는 정부

여기서 이야기를 해 두자면, '일본이라는 나라가 얼마나 심했는가'라는 것입니다. 이것은 당시의 일입니다만, 실은 지금도 마찬가지입니다. 동일본 대지진의 후쿠시마 제1원전 사고 때도 정부에서 정확한 정보를 알리지 않은 탓에 후쿠시마현(福島県) 이타테무라(飯舘村) 등에서 주민들의 피난이 늦어진 것은 아시는 바와 같습니다. 일본은 국민에게 알려야 할 것을 알리지 않습니다. 예를 들어 이런 소이탄 공습에 대해 어떻게 대처해야 할지 이미 충분히 알고 있었는데도 전쟁 중에 그것을 가르치지 않았습니다. 그래서 폭탄을 피할 생각으로 방공호에 들어갔다가 사망한 사람이 많았던 것입니다. 우리가 배운 것은 폭탄이 떨어지면 눈, 코, 귀를 막고 엎드리라는 것인데, 그런 것은 폭발이나 폭풍으로 인한 피해를 줄이기 위한 것이지, 소이탄에는 아무런 도움이 되지 않았습니다.

소이탄은 마을을 완전히 쓸어 버리기 위해 개발된 것입니다. 육각형 모양의 철통인데 길이는 50cm 정도이고 안에는 기름이 가득 차 있습니다.

B-29라는 폭격기에서 투하하면 폭탄 덮개가 열리고 거기 있던 철통, 즉 소이탄이 대량으로 떨어집니다. 그리고 땅에 닿자마자 발화해 기름에 불이 붙고 주변으로 튀어 사방으로 흩어집니다.

소이탄은 세로로 떨어지기 때문에 지붕이나 지면에 박힐 수도 있지만, 기본적으로는 튀어 오르고 굴러다니면서 기름이 타오릅니다. 그래서 하늘에서 떨어지는 직격을 피하기 위해 일단 몸이 가려지는 곳에 숨어 있다가 소이탄이 다 투하되면, 이후에는 어찌 됐든 타오르는 불길을 피하면서 가능한 한 멀리 도망치는 게 좋습니다.

그런데 당시 소이탄 공격에 대해 내려진 유일한 명령은 도망가지 말고 불길을 소화시키라는 것이었습니다. 그래서 사람들이 화재를 진압하느라 많이 죽었습니다.

오카야마보다 더 작은 도시였던 도야마(富山)는 오카야마 공습보다 1,000여 명이나 더 많은 사망자가 나왔습니다. 그건 고지식한 기질로 유명한 도야마 주민들이 소화활동에 힘쓰라는 지시를 듣고는 그대로 열심히 따랐기 때문입니다. 그러다가 미처 빠져나오지 못해 불타 죽은 사람이 많았습니다. 오카야마 주민들은 그렇게까지 고지식하지 않아서 많이 도망쳤어요. 상대적으로 도야마에서 사상자가 훨씬 많았던 이유입니다.

즉, 소이탄 공습이라는 것은 도저히 끌 수 없는 불씨를 하늘에서 뿌려 나무와 종이로 지어진 일본의 도시를 모두 태워 버리는 것이므로 맞설 방법이 없었습니다. 그래서 도망치는 것이 당연했는데, 국가는 도망치게 하고 싶지 않았던 것입니다. 뭐, 가옥과 자재를 최대한 지키려면 공습에 용감하게 맞서 최선을 다해 불을 끄는 수밖에 없다고 생각했던 거겠죠.

그래서 어느 집이나 소이탄으로 일어날 화재에 대비해 히타타키(火叩き, 소화용구의 하나로 대나무 장대 끝에 30cm 정도로 자른 밧줄 다발을 붙인 것. 이것으로 두드려 불을 끈다)나 방화용수(콘크리트로 만든 네모난 수조에 물을 채운 것)를 출입문 앞에 놓고 모래주머니 등도

준비했습니다. 모두 불을 끄기 위한 도구들이죠.

그런데 대량으로 떨어지는 소이탄을 어떻게 끌까요? 당시만 해도 불타는 기름을 끄려면 물로는 안 된다고 믿었어요. 아마도 소이탄을 히타타키로 두들기든가 모래를 뿌려 끄라는 것이었나 봐요.

모두 알고 계시나요? 이전에는 어느 집이든 석유난로를 사용하고 있었습니다. 석유난로가 쓰러져 불이 붙었을 때 어떻게 하냐면 소방청에서는 '난로에 담요를 덮어서 꺼라, 물은 위험하다'고 말했습니다.

그런데 당시 '생활의 수첩'이라는 잡지가 실험으로 확인해 보고는 '양동이에 물을 한 바가지 담아 확 부었더니 불이 꺼졌다, 그러니까 이렇게 해야 한다'고 실었어요. 요컨대 급격하게 식히면 불이 꺼지는 것이죠. 사실 저는 그것을 공습에서 목격했는데요, 정작 관공서라는 곳이 그런 것도 확인하지 않고 공식적으로 인정도 하지 않은 채 종전을 맞이해 버렸습니다.

빗줄기처럼 쏟아진 소이탄

　공습 때의 이야기로 돌아갈까요. 상가를 헤매고 있을 때, 함석을 끄는 듯 '쨔~악' 하는 무서운 소리가 났습니다. 올려다보니 불길이 빗줄기처럼 쏟아져 내려오고 있는 거예요.

　조금 보고 있으면 그게 자기 쪽으로 떨어질지 아닐지 알 수 있으니까 내 쪽으로 오면 처마 밑으로 숨는 거죠. 그런데 눈 깜짝할 사이에 엄청난 소리와 함께 소이탄이 산산이 흩어지면서 떨어지더군요. 길에 떨어진 소이탄이 불을 뿜으며 이리저리 튀어 굴러다니고, 지붕에 떨어진 소이탄도 쿵쿵거리며 처마를 타고 길바닥에 굴러 떨어지더니 순식간에 엄청나게 많은 소이탄이 타오르기 시작했어요.

한밤의 공습이라서 소이탄에 붙은 불길이 보이니까 떨어지는 방향을 알 수 있다는 점은 그나마 퍽 다행이었어요.

그런데 이게 무언가와 부딪치고 나서 불을 뿜어야 되는데 소이탄에 이미 불이 붙은 채로 하늘에서 내려오는 것은 이상하죠.

〈반딧불이의 묘〉를 제작할 때, 조연출을 자위대로 보내 그 이유를 물어봤습니다. 그때 폭탄 전문가는 폭탄 구조상 공중에서 불길이 붙을 리 없다고 단언했습니다. 그렇지만 저는 그걸 분명히 봤거든요. 사진에도 남아 있고 많은 사람들이 목격했어요.

최근엔 이것에 대해서 소이탄에 부착된 리본 같은 부분에 불이 붙은 것이라고 하더군요. 리본이라는 건 소이탄이 세로 방향으로 곧게 떨어질 때 꼬리 같은 것을 의미하는데 그게 어떤 메커니즘인지는 몰라도 발화한다고 해요. 저희가 본 건 그 불이었나 봐요.

소이탄의 불이 꺼졌다!

의외로 소이탄에 대해서는 제대로 구조가 알려져 있지 않은 것 같은데, 텔레비전 드라마나 영화 등에서 보는 건 대개 실제와 달라요.

'펑' 하고 불을 뿜으면서 떨어지거나, 지면에 닿아 폭발하면서 화려한 불꽃을 일으키거나, 위를 보지 않은 채 도망치는 사람들 쪽에 떨어지기도 해요. 그러다가는 모두 직격탄을 맞을 텐데, 어쩐 일인지 드라마 속에서는 소이탄이 사람들과 길을 조금 피해서 떨어지는 것 같아요.

또 소이탄이 땅에 수직으로 푹푹 박히면서 불길이 솟아오르는데, 대체 지면이 얼마나 부드러운 걸까요.

소이탄이 투하된 이야기를 얼핏 들으면 모두 어딘가에 박혔거나 엄청난 기세로 폭발해 버렸다는 식으로 들릴지 몰라요.

그런데 〈반딧불이의 묘〉에서 소이탄을 불붙은 빗줄기처럼 보이게끔 다소 강조한 측면이 있는지 몰라도 그 외에는 정확하게 그린 겁니다. 소이탄 그 자체는 떨어져 버리면 실제로는 의외로 조용해요. 데굴데굴 굴러다니며 불타고 있을 뿐이죠.

당시 처마 밑으로 들어가 소이탄이 지붕에서 떨어질 때까지 기다리고 있는데, 가게 주인이 양동이에 방화수를 담아 와서는 불타고 있는 소이탄에 확 뿌렸어요. 그 랬더니 그 불이 보기 좋게 꺼지더라구요. 깜짝 놀랐어요. 아까 '생활의 수첩' 이야기를 했는데, 거기 나온 대로 물을 부었더니 순식간에 식어서 불이 꺼졌거든요.

하지만 가게 주인이 계속해서 물을 뿌려도 소이탄이라는 게 계속 뒹굴고 있으니까 물이 거기에 정확하게 뿌려질 수는 없어요. 그래서 소이탄을 전부 끌 수는 없었고, 집이 불타기 시작하더니 결국 불바다가 되어 버렸어요. 그 상점 주인분은 그때 무사히 도망쳤는지 모르겠네요.

폭발에 쓰러진 누나

우리는 방화수를 뒤집어쓰고는 처마 밑에서 도로로 뛰쳐나와 타오르는 소이탄 사이를 누비며 불길을 뛰어넘고 달렸습니다. 무섭긴 했지만 어쨌든 불바다인 그곳에서 탈출하려고 무턱대고 달렸어요.

그런데 달리는 쪽으로 '쏴~악' 소리를 내며 소이탄이 내려와요. 그럼 피했다가 물을 확 뒤집어쓰고 다시 달려나갑니다. 그렇게 막 달리다 보면 불타고 있는 건물에 막히기도 해요. 뭐, 어쨌든 정신이 없어서 대체 어디를 어떻게 달렸는지 기억도 나지 않습니다. 지그재그로 달려갔을 거예요.

그러다가 다이운지(大雲寺) 교차로로 갔는데, 그때 폭탄이 터졌어요. 소이탄 공습이라고는 하지만 사실 그중에는 소이탄뿐 아니라 다른 폭탄들도 있어요. '소이폭탄'이라고 부르던 일렉트론 소이탄인데 이게 떨어져서 폭발하면 섬광과 함께 끈질기게 계속 타오릅니다.

그게 우리 앞에서 번쩍하고 푸른 섬광을 내뿜으면서 작렬한 거예요. 순간 같이 달리던 누나가 픽 쓰러졌고, 그대로 실신했어요. 두려웠던 나는 달려가서 누나의 이름을 부르며 흔들어 깨웠습니다. 나뭇잎 모양의 커다란 파편이 누나의 엉덩이에 깊이 박혀 있더군요.

전쟁이 끝난 뒤였던 것 같은데, 누나는 구라시키(倉敷)의 한 병원에서 수술을 하고 파편을 꺼냈습니다. 그때 내가 살려 내지 않았다면 죽었을지 몰라요. 그래서 누나는 저를 생명의 은인이라고 부릅니다.

어쨌든 누나를 일으켜 다시 일어나 도망을 갔습니다. 그런데 어디로 가야 될지 모르겠더라고요. 주위를 둘러봐도 온통 불바다니까요. 다이운지 교차로에서 아사히카와강(旭川)까지의 대로변 어딘가에 있었던 것으로 기억하는데, 길가에 불타지 않은 가게가 딱 한 군데 있고, 그 앞에 사람들이 굳은 채 있더군요. 우리는 거기로 달려갔습니다.

주위는 온통 불타고, 뜨거운 바람이 불고 있었어요. 물을 뒤집어써도 열 때문에 바짝바짝 타들어 가요. 하지만 어떻게 해야 좋을지 모르니까 다들 그저 망연히 서 있기만 했습니다.

그러다가 갑자기 어떤 아저씨가 '헉' 하고 뛰기 시작했어요. 저랑 누나는 아무것도 모르면서 그저 지푸라기라도 잡는 심정으로 아저씨를 따라 함께 마구 달렸어요. 그래서 아사히카와 강변까지 나올 수 있었습니다. 당시는 아직 신쿄바시(新京橋) 다리가 없어서, 큰길이 강으로 끊겨 있었습니다.

새벽녘의 검은 비

강변으로 나와 달리는 사이에 새벽이 됐고, 비가 내리기 시작했어요. 그 비라는 것이 이른바 '검은 비'입니다. 원폭뿐만 아니라 공습 후에는 상승기류가 일어나서 비가 내리는데, 그을음이나 무언가를 잔뜩 머금고 있기 때문에 검은 빛깔의 더러운 비가 되는 것이죠. 비가 내리니까 기온이 훅 내려갔습니다.

제가 입은 것이라곤 잠옷 하나뿐이잖아요. 젖으니까 너무 추워서 계속 떨리는 거예요. 당시는 교바시(京橋) 옆까지 항구였습니다. 쇼도시마섬(小豆島)과 데시마섬(豊島) 등 세토(瀨戶) 내해로 가는 정기 항로도 있었어요. 그래서 항구 선착장에는 (나이 든 사람이 아니면 모르겠지만) 짚을 엮어 자루 모양으로 만든 가마니 같은 게 쌓여 있었어요. 저도 누나도 그것을 뒤집어쓰고 추위를 견디며, 거지 꼴을 하고는 익숙한 교바시 쪽으로 걸어갔습니다.

그때 교바시 기슭에서 본 인상적인 광경이 지금도 기억이 나요. 그 당시에는 전봇대가 전부 나무였는데, 그 전봇대 높은 쪽에 변압기가 올려져 있었습니다. 이미 아침이었고 여기저기서 진화가 시작되고 있었는데, 그 변압기는 기름을 사용하고 있었기 때문에 계속 불타고 있었어요. 미묘하게 비현실적이었던 그 풍경이 잊히지 않네요.

시체로 뒤덮인 불탄 거리를 걷다

교바시에서 누나가 아는 분을 만났습니다. 정말이지 운이 좋았는데, 그분 가족이 남에게 빌려준 히가시야마 (東山)의 집이 불타지 않았을 테니 거기로 피신하겠다고 해서 함께 갔습니다. 그곳에 도착하고 나서의 일은 전혀 기억하지 못하는데 아마 잠들었나 봅니다.

일어나 보니 그 집에 나보다 좀 더 큰 애가 있었는데, 저보고 폭격으로 불탄 곳을 보러 가자고 말을 꺼내더군요. 그런데 저는 어쩐지 가고 싶지 않더라고요. 이상하게 도 말이죠.

앞서 말씀드렸지만, 누나랑 단둘이 도망쳤기 때문에

공습이 있던 밤에 다른 가족들과 만나지 못했어요. 나머지 가족은 부모님과 두 명의 형, 누나가 있었죠. 그 다섯 명과 헤어져 있는데도 만나고 싶은 마음이 있었는지 없었는지 모르겠어요.

어쩌면 불탄 자리에 가 보면 가족을 만날 수 있을지도 모르는데, 가고 싶지 않았다는 것은 그만큼 무서웠던 거겠죠. 하지만 결국 가기로 했어요. 다만 누이는 다친 데다가 자고 있으니까 가지 않았고요.

히가시야마에서 출발해 교바시를 건너 불탄 자리를 쭉 지나면서 니시카와 하천까지 걸어서 갔습니다. 길의 중간중간 이미 시체 더미가 쌓여 있더군요. 정말 많은 시체를 봤어요. 그중에 함석으로 덮어 놓은 것 같은 게 눈에 띄었는데, 까맣게 탄 것이 아니라 아직 사람의 형상이 남아 있는 시체였어요. 죽었습니다만, 마치 살아 있는 것 같기도 하고 기름이 번지고 노릇노릇하게 익은 채로 있는 것이 완전히 찜솥 안의 구이랄까요. 도자기 같다는 느낌도 들었고요. 그런 시체들을 보니 정말이지 몸이 덜덜 떨리는 게 멈추질 않았어요.

그렇게 불타 버린 곳과 많은 시체들을 보면서 우리 집까지 왔습니다. 현관 앞에는 돌다리가 놓인 폭 1.5미터

정도의 도랑이 흐르고 있었는데, 반쯤은 시체로 잠겨있었어요. 아마 우리가 도망간 뒤 거기에 도착한 사람들이었던 것 같아요. 공습의 불바다 속에서 뜨거우니까 일단 도랑으로 뛰어든 것이라고 생각합니다만, 거기서 그만 구이가 된 채로 죽고 만 것이죠. 그런 사람들이 집 앞에 가득하니까 우리 집이 어떻게 탔는지는 제대로 보지도 못한 채 지나가 버렸습니다.

이후 다이쿠(大供)부터 역까지 길을 따라 걷는데, 냄새가 엄청 났어요. 아직은 시체에서 나는 냄새가 그렇게 심하지는 않았고, 콩이나 대량 저장되어 있던 식량들이 연기를 내면서 계속 타고 있었던 거였어요. 이제는 그 냄새까지 무서워져서 문자 그대로 이가 딱딱 부딪칠 정도로 덜덜 떨리는데, 도저히 멈출 수가 없었어요. 그래서 히가시야마까지 어떻게 돌아왔는지도 모르겠어요.

뿔뿔이 흩어진 가족

부모님을 비롯한 가족과는 그다음 날에야 만날 수 있었습니다. 지금처럼 휴대전화가 있는 것도 아니니까 전화도 할 수 없고, 서로 어디에 있는지 전혀 모르니까요. 그동안 나머지 가족들은 어떻게 지냈는지 말씀드리겠습니다.

아버지는 당시 오카야마 제1중학교의 교장을 맡고 있었습니다. 오카야마 제1중학교는 지금으로 치면 아사히고등학교라고 생각하면 될 거예요. 그 학교는 우죠성(烏城, 오카야마성)의 돌담 위에 있었습니다.

아버지는 교장이니까 가장 먼저 학교로 달려갔습니다.

가족 같은 건 놔둘 수밖에 없었어요. 어쨌든 공습이라는 걸 안 순간에는 학교를 진화하러 가야죠. 게다가 교장에게는 진화 활동 외에도 또 다른 막중한 임무가 있었습니다.

연세가 지긋하신 분들은 알겠지만, 어진(御眞)이라는 게 있어요. 천황의 사진인데, 천황과 황후가 각각 있죠. 평소에는 봉안전(奉安殿)이라는 곳에 안치되어 있다가 학교 행사가 있으면 꺼내서 강당 등에 걸어 놓습니다.

제가 다닌 국민학교는 오카야마 사범학교 부속 건물이었는데, 강당 무대 안쪽에 크고 멋진 백목(白木, 껍질을 벗기거나 깎기만 하고 칠하지 않은 나무)으로 만든 신사(神社)의 문 같은 게 있었어요. 그 문을 교장선생님이 공손한 자세로 '끼이이익'(이런 소리가 나요) 하고 좌우로 열면 화려하게 장식된 두 장의 사진이 보입니다. 그것을 향해 모두가 최대한 정중한 자세로 경례를 했죠.

천황은 아라히토가미(現人神, 인간의 모습으로 나타난 신), 즉 신이자 인간, 인간이자 신인 것입니다. 어진은 그 현신과 같은 것으로 간주되기 때문에 공습이 일어나면 교장은 그것을 봉안전에서 꺼내 안전한 곳으로 옮겨야 합니다. 만약 어진이 타 버린다면 그건 교장에게 있어서는 생애 최대의 불명예이자 치욕인 것이죠.

물론 아버지가 그런 명예를 지키려고 학교로 가셨다고는 생각하지 않습니다만 어쨌든 그런 사정들이 있었고, 아버지는 가족을 둔 채 학교로 달려가야 했던 것이죠.

남은 가족 중에서 나와 바로 위의 누나, 그렇게 두 명은 밖으로 뛰어나갔고, 다른 가족들은 정원에 팠던 아직 완성되지 않은 방공호를 쓸 수 있을지 확인하고 있었던 모양이에요.

그러다가 우리를 아무리 찾아봐도 보이지 않고, 어디론가 갔다는 생각밖에 들지 않으니까 결국 어쩔 수 없이 우리처럼 동쪽으로 달아났어요. 그렇게 니시카와로 가서 공습에서 비켜났던 것입니다.

그럼 니시카와에 은신해 있으면 안전했느냐 하면, 그것도 아닙니다. 니시카와에서도 많은 사람이 죽었습니다. 일단 하천으로 들어가면 이후엔 도망치기 어려워지기 때문에 소이탄의 직격에 그대로 맞은 사람도 있었던 거죠. 그다음으로 풍동(風洞, 인공으로 일어나는 바람)도 있습니다. 주위가 불타고 불길이 소용돌이처럼 튀는 거예요. 형은 그게 무서웠다고 하더군요.

가족과의 재회

니시카와 하천에 대해서 말씀드리자면, 현재 오카야마의 니시카와로쿠도(西川綠道) 공원은 전국에서 가장 먼저 수변 공간을 살린 친환경 공원으로 유명한 곳입니다. 사실 저 공원은 전쟁과 깊은 관계가 있어요. 공습이 전국 도시로 확산되기 시작했을 무렵에 니시카와 양쪽 기슭에서 강제 소개(疏開)가 이루어졌거든요. 강제 소개라는 것은 공습 때 화재의 확산과 연소를 막는 광범위한 방화대(防火帶)를 만들기 위해 주민들의 의사를 무시한 채 건물을 강제로 무너뜨리고 길을 넓히며 공간을 확보하는 조치입니다.

그것은 확실히 지나친 조치였지만, 그 덕분에 지금의 공원이 될 수 있었습니다. 강제 소개 전에는 니시카와 하천 주변에 인가가 많이 들어차 있었기 때문에 그대로 뒀다면 지금 같은 공간은 좀처럼 확보할 수 없었을 겁니다.

또 니시카와 하천 주위에 그렇게 널찍한 공간이 있었기 때문에 제 가족뿐만 아니라 많은 사람들이 모두 그곳으로 피난을 간 것입니다. 그러니까 만약 강제 소개가 없었더라면 니시카와에 갔더라도 마땅히 피할 곳이 없어 더 비참한 상황이 발생했을 가능성도 충분히 있었습니다.

니시카와에서 하룻밤을 지낸 가족들(누나 한 명과 형 두 명, 그리고 어머니)에 대해 말씀드리자면, 형들은 불탄 곳들을 돌아다니면서 저와 누나의 시체를 찾아 헤맸다고 합니다. 우리가 재회한 것은 그다음 날이에요. 이런저런 인연이 연결되어 가족들이 모두 만날 수 있었습니다. 아버지는 계속 학교에 계셨으니, 공습 당일 저와 누나도 진작 학교로 갔어야 했다는 생각도 들었어요.

내친김에 말씀드리자면, 가족과의 재회는 전혀 극적인 장면은 아니었어요. 제 이름은 이사오(勳)인데, 요즘 TV 드라마라면 어머니가 '이사오!' 이렇게 부르면서 손을 내밀고, 저도 '엄마!' 이러면서 달려가 극적인 포옹이 연출될 거예요.

하지만 실제로는 전혀요. 뭐랄까, 어정버정하다가 자연스레 평상시로 돌아오는 거죠. 어딘지 한심한 이 정경이 지금의 나에게는 잊히지 않는 순간이에요.

그래서 〈알프스의 소녀 하이디〉라는 작품을 만들었을 때 프랑크푸르트에서 하이디가 할아버지에게로 돌아오는 장면에서 마음껏 그 품에 뛰어들게 했어요. '어렸을 때 이랬다면 얼마나 좋았을까' 하는 생각을 하면서요. 저는 그때 마음먹은 대로 행동하지 못해서 극적이지 않았던 순간을 늘 떠올리지 않을 수 없었어요.

그건 그렇다 치고 요즘 영화나 TV 드라마는 각색을 너무 많이 하는 것 같습니다. 전쟁 이전을 다룬 작품에서도 다들 포옹을 하잖아요. 그런 거 안 했어요. 악수도 안 했다니까요. 그 무렵 일본에서 인사라는 것은 일정 거리를 두고 격식을 갖춰 인사하는 것뿐이었어요. 일본인들이 공적 장소뿐 아니라 일상에서도 얼마나 경직되어 있었는지는 종전 직후에 만들어진 오즈 야스지로(小津安二郎)의 〈바람 속의 암탉(風の中の牝鶏)〉을 보면 알 수 있습니다.

그런데 이제 다들 포옹하시잖아요. 좋은 일이죠. '츠루

베의 가족에게 건배(鶴瓶の家族に乾杯)' 같은 TV 프로그램을
보면 중년 아줌마들이 츠루베랑 포옹하고 싶어 하는 게
재미있어요. 일본이 완전히 바뀌었어요. 좋은 쪽으로요.
이제 저는 일흔아홉 살이지만 그렇게 느끼고 있습니다.

구사일생의 기적

　그날 공습 이야기는 여기까지입니다. 정말 죄송합니다만 더 쥐어짜서 이야기해 봐야 더 이상 자세히는 할 수 없습니다. 처음에 말씀드린 대로 그렇게 엄청난 체험이 아니었다고 생각하시는 분들도 계시겠지만, 저로서는 구사일생으로 살아났다고 생각합니다.

　예를 들어 그때 만약 방공호에 들어갔다면 위험했을 테고, 소이탄에 정통으로 맞아 목숨을 잃었을 수도 있었어요. 막판에는 주위가 온통 불바다였는데 진퇴양난의 상황에서 여러 가지 행운이 겹치면서 겨우 살아남은 것입니다.

　게다가 인터넷으로 옛날 지도를 찾아봤더니 당시 오카

야마 공습으로 소실된 지대가 나오는데, 우리가 최악의 방법으로 도망쳤다는 걸 알게 됐어요. 극심하게 불타고 있는 곳으로 도망가고 있었던 것이더군요.

미군은 먼저 주위를 불태워 사람들을 도시 안쪽으로 몰아넣은 뒤 도시 중심부에 화력을 쏟아부었어요. 비열한 거죠. 그렇게 진행됐으니 당시에 교외 쪽으로 나갔다면 조금 더 편했을 수 있었겠죠.

누나는 엉덩이에 파편을 맞아 고생했는데 사실 저도 맨발이기 때문에 유리 파편이 발바닥에 박혀서 심각했거든요. 아홉 살짜리 4학년이니 너무 어려서 그랬는지 모르겠지만, 잠옷 바람으로 밖으로 뛰쳐나온 채 맨발로 도망을 친 거죠.

도로의 아스팔트가 열에 녹으면서 부드럽게 끈적끈적해지고 무척 뜨거웠어요. 뜨거울 뿐만 아니라 유리 파편이 흩어져 있어서 그 작은 파편들이 잔뜩 박혔어요.

공습 때문에 도망을 다닐 때는 아프다든가 하는 것을 전혀 몰랐는데 차츰 유리 파편 주위가 곪기 시작했습니다. 옛날에는 항생제 같은 게 없었으니까 충분히 놔뒀다가 고름을 짜서 고치는 방법밖에 없었어요. 발바닥 한 쪽이 그런 상황이니까 정말 힘들었어요. 그랬습니다.

2

민주주의 교육 1기생으로서의 전후 체험

시골에서의 그리운 경험

공습 후의 일을 이야기하자면, 우리 가족 일곱 명은 일단 오카야마 제1중학교의 어느 선생님의 도움으로 오다라(大多羅)라고 하는 시골에서 세 들어 살았습니다. 그후 (지금은 여기도 오카야마시에 편입되었는데), 신칸센이 산기슭을 스치며 지나가는 니시하나지리(西花尻)라는 곳에서 농가 2층을 빌려 살고 있었습니다. 그리고 그곳에서 8월 15일을 맞이합니다.

옥음 방송(玉音放送, 일본 쇼와 천황이 연합군에 무조건 항복하겠다는 종전 조서를 읽은 라디오 방송)은 농가에 있는 라디오에서 들었습니다. 큰형과 누나는 통곡했어요. 저는 아직 어리다 보니까 앞으로 어떻게 될지 상상이 안 돼서 뭐가 뭔지도 모르겠고 특별한 감회는 없었어요. 다만 무척 괴로운 표정을 짓고 있지 않으면 안 될 것 같다는 생각은 들었죠. 지금 생각하면 부끄럽고 한심한 이야기예요.

그 후로 오카야마에 돌아올 때까지 그곳에 얼마나 있었는지는 잘 기억나지 않습니다만 그동안 체험한 시골 생활은 신선했고, 저에게 여러 가지 의미에서 아주 좋았습니다.

예를 들면 그때 짚신을 신고 다녔는데요, 제가 직접 짚을 엮어 만들었어요. 지금은 만들 수 있을지 어떨지 좀 의심스럽지만요. 그런데 비가 오면 짚신이 엉망진창이 되어 버려서 아까우니까 비 오는 날은 모두 맨발로 학교에 갔어요. 학교는 논 안에 있었고 물론 길은 비포장이었죠.

당시엔 식량난 때문에 농사꾼이 아니더라도 많은 사람들이 산 위에서 고구마 농사를 지었어요. 한번은 부모님이 위에 가서 고구마 덩굴을 받아 오라더군요. 덩굴이라고 하는데 진짜 덩굴은 아니고 고구마 잎이 붙어 있는 줄기 부분이에요. 그것을 고사리처럼 조려 먹었는데, 이게

나름대로 맛이 괜찮았어요.

고구마 덩굴을 받으러 가면, 아무래도 아이 마음에 덩굴뿐 아니라 고구마도 한두 개 정도 주지 않을까 기대를 하게 됩니다. 하지만 전혀 안 주셨어요. 그렇다고 그게 고약했다고 생각하는 건 아니에요.

하루는 소풍을 가는데, 골목대장 노릇을 하던 아이가 애들 도시락을 뒤지는 거예요. 제 도시락은 밀기울이었어요. 밀을 빻아 가루로 만든 다음에 붉은 껍질을 섞은 부스러기를 볶아서 굳힌 건데 그걸 내밀었더니 '이런 걸 어떻게 먹냐'고 황당한 표정으로 그냥 지나치더군요. 지금 생각해도 좀 심한 음식입니다만, 이게 의외로 맛있었다는 거죠.

말이 나온 김에 덧붙이자면, 저는 어른이 되고 최근까지 고구마는 거의 먹지 않았습니다. 왜냐하면 어릴 때 맛없는 고구마를 너무 많이 먹었거든요.

그러다가 세 들어 살고 있던 농가의 할아버지가 돌아가셔서 장례식을 치렀습니다. 시신을 관에 넣고 장례 행렬이 마을 밖으로 가서 화장을 하는 거죠. 〈반딧불이의 묘〉에도 비슷한 장면이 있습니다. 짐 바구니에 여동생의 시신을 넣고 숯에 불을 붙여 화장하죠. 원작(소설)에는 콩 껍질로 태우면 불이 잘 붙는다고 적혀 있는데, 그 할아버지의 경우 구덩이를 파고 장작 위에 관을 올려놓은 뒤 화장을 했어요. 그런데 도중에 갑자기 관이 덜커덩하고 움직이는 거예요. 너무 무서워서 도망가 버렸어요.

그리고 어느 날은 밤에 잠이 덜 깨어 계단 위에서 곤두박질치고 머리를 부딪쳤습니다. 정신을 차려 보니 리어카에 눕혀진 채 병원에 실려 가고 있더군요. 별일 아니었지만, 이후로는 어쩐지 공부가 조금 더 잘됐던 것 같아요.

오카야마의 학교로 돌아오다

그 후 오카야마의 학교로 돌아간 뒤에도 여러 가지 일이 있었습니다.

한번은 오카야마역 광장에서 우연히 특이한 모자를 쓰고 치마를 입은 남자들이 이상한 악기를 연주하며 열을 지어 행진하는 걸 목격하고는 무척 놀랐어요. 바로 스코틀랜드 군인이었고, 악기는 백파이프였죠. 저는 처음으로 일본이 진 상대는 미국뿐만이 아니라 연합국이라는 것을 의식했습니다.

점령군을 '진주군(進駐軍)'이라고도 했는데, 저는 진주군의 병사를 향해 "기브 미 초콜릿(Give me Chocolate)"

이라고 외친 적은 없습니다. 하루는 그들이 지프를 타고 단숨에 교정으로 와서는 껌을 씹으면서 캐치볼을 시작했는데, 그때 글러브의 부드러움과 기름 냄새는 지금도 잊을 수가 없어요.

그리고 지프가 돌계단을 타고 히가시야마의 다마이구(玉井宮, 전국을 통일하고 에도 막부를 세운 도쿠가와 이에야스(德川家康)의 위패를 모신 사당. 도쇼구(東照宮))까지 올라갔다는 것을 듣고, 역시 미국은 대단하다고 생각했습니다.

제가 다닌 학교는 사범학교 부속 국민학교였는데 사범학교 기숙사가 있었어요. 그 기숙사의 불타고 남은 식당에 칸막이 천을 늘어뜨려 분할해 교실로 만들었어요. 그것 외에 수업 같은 건 다 까먹었고요….

기숙사니까 개수대가 있는 긴 세면대가 불타다 만 상태로 있었는데 거기 걸터앉아서 수업할 때도 있었어요. 일종의 푸른 하늘의 교실이라고나 할까요. 그런 게 전부 즐거운 추억이죠. 해방감이 있었습니다.

놀이도 다 같이 궁리해 만들었습니다. 저 같은 사람은 그런 능력이 없었지만요. 불탄 자리에 있는 기와 조각을 이용해서 놀기도 했습니다. 세워져 있는 상대의 기와에

던져 맞히거나 발등에 실어 날라 가서 툭 하고 부딪쳐 넘어뜨리는 일종의 비석치기 대항전이라든가, 불에 탄 부러진 못을 펴서 땅에 꽂고, 그것들을 선으로 묶고 이어서 진을 친다든가, 불탄 자리에서 주워 온 자전거의 빨갛게 녹슨 바퀴테를 대나무로 돌리는 굴렁쇠 굴리기 따위도 유행했습니다. 모두 놀이 방법을 궁리하고 있었습니다.

그런데 차츰 재건이 진행되고 제대로 된 철제품이 나오면서 못 세우기 놀이도 반들반들한 못으로 하게 되고, 굴렁쇠 놀이도 근사한 굴렁쇠로 만든 걸 가져오는 애들이 나타나는 거예요. 진짜 제대로 된 건 멋지더군요. 나중에서야 이 놀이들이 골치 아픈 이론 따위는 없어도 생각할 수 있는 아이들의 힘이라고 생각했어요.

그리고 겨울에는 몸을 따뜻하게 하기 위해 학교에서 숨바꼭질 같은 놀이를 진행하기도 했습니다. 몸을 움직이게 하려고요. 숨바꼭질도 하고, 팽이도 돌리고…. 재미있었어요. 실력이 느는 게 기뻤달까요. 그런 것들이 전부 재미있는 경험이었어요.

재건의 풍경-순행

그 무렵 '천황의 전국 순행'이라는 것이 있었습니다. 천황이 전국을 돌아다니며 시찰하고 격려하는 건데 이것이 전후 부흥에 큰 도움이 됩니다. 이러니저러니 해도 역시 천황은 인기가 있었기 때문에 연합국 최고사령부 (GHQ)에서는 전후(戰後)에 천황이 전국을 다니면 통치에 유용하지 않을까 생각하고 이용한 것이죠. 실제로 굉장히 성공적이었어요. '천황 폐하가 오신다'니까 사람들이 볼썽사납지 않게 우선 불탄 자리라도 정리해야 한다는 생각을 합니다.

저도 아직 어린 아이였지만, 삼태기를 만들고 불탄 자

리를 깨끗이 정리했습니다. 짚을 엮어 만든 삼태기를 멜대에 걸고 잔해를 나르는 거예요. 히가시야마의 학교 따위에 천황이 올 리가 없다는 것 정도는 선생님들도 알고 있었습니다. 하지만 '천황이 오신다'는 대의명분을 앞세워 '정리합시다!'를 외치는 거죠. 일본은 이런 방식을 참 좋아합니다.

오카야마역 앞은 상당히 빨리 재건됐는데, 복작복작한 암시장 분위기가 쭉 이어졌어요. 이것을 단숨에 정비할 수 있었던 것은 언제였을까요? 1962년 국민체육대회예요. 국민체육대회가 개최되는데, 정식 현관인 오카야마역 앞이 이럴 수는 없다며 국민체육을 발판으로 정비가 진행되었습니다. 그런 최초의 시작이 '천황의 순행'이었어요.

오카야마현의 순행은 1947년 12월에 있었는데, 당시 우리 학교 건물은 이미 세워진 상태였어요. 병영이었던 목조 1층 건물을 이축(移築)한 것인데 바닥에 금방 구멍이 뚫릴 듯한 누더기 교사(教舍)였습니다.

한편 성터에 있던 오카야마 제1중학교는 국보인 천수각과 함께 공습으로 모두 전소됐는데, 재건된 학교가 천황의 시찰 대상이 되었습니다. 교장실이 천황의 휴식처

로 지정됐는데 교장이었던 아버지는 있는 그대로 보여
드리지 않으면 순행의 의미가 없어지므로 교장실도 평소
와 다름없이 두고 특별한 의자를 마련할 필요는 없다고
주장했고, 실행으로 옮겼습니다. 그래도 안내를 맡은 것
은 역시 대단한 명예라고 생각하셨는지 가족에게도 자랑
스레 사진을 보여 주었습니다. 역시 메이지 시대의 남자
였던 것이죠.

새로운 헌법

그러한 전후의 시작 속에서 신(新)헌법이 만들어졌습니다. 일본국 헌법입니다. 헌법이 만들어졌을 때 제가 느낀 한 가지 의문은 밀실에서 만들어진 메이지 헌법(대일본제국 헌법)에 비해서, 일본국 헌법은 좀 더 개방적으로 만들어졌다고 교과서에 써 있었던 것입니다. 어린아이인데도 '음, 과연?'이라는 의문이 들었어요.

부모님이나 주변에서 헌법에 대해 논의하는 듯한 모습을 본 적이 없는데 도대체 얼마나 토론을 했을까 하는 생각인 거죠. 헌법을 미국에 떠넘겼다든지, 뭐 그런 걸 알고 있었던 건 아닙니다.

단, 그 방식이라는 것이 우리가 신선하게 받아들이고 시작한 '민주주의'라는 느낌이 들지 않았습니다. 그것은 일종의 위화감입니다.

사실 당시 만들어진 헌법 자체는 굉장히 좋은 헌법이라고 생각했어요. 그건 어른들도 다 그랬어요. 전쟁 중에도, 전쟁이 끝난 후에도 큰 곤욕을 치렀으니 전쟁을 하지 않는 나라가 된다는 것은 정말 두 팔을 들고 환영할 만한 일이었다고 생각합니다.

다만 그 후 냉전이 격화되자 미국은 일본에 경찰예비대(警察予備隊)를 만들기로 했습니다. 이것이 자위대(自衛隊)로 발전합니다. 아무리 생각해도 자위대는 전력(戰力)이므로 헌법 9조에 명시되어 있는 '전력 불보유'라는 것이 한순간에 사문화되어 버린 것입니다.*

그러나 자위대가 만들어졌어도 9조의 다른 기둥, 국가의 교전권은 인정하지 않으며 분쟁을 전쟁으로 해결해서는 안 된다는 것은 최근까지 엄연히 살아 있었습니다. 전쟁을 하지 않는다는 헌법 9조 덕분에 GHQ 시절부터 현재에 이르기까지 일본은 미국이 벌인 전쟁에 그다지 말려들지 않았고, 70년 동안 전쟁에서 한 명도 죽이지 않았고, 한 명도 죽지 않았습니다.

*역) 2014년 7월 아베 신조 내각은 헌법 9조에 대해 '일본에 대한 무력 공격뿐 아니라 일본이 긴밀한 관계를 유지하는 국가에 대한 공격이나 심각한 위협에도 자위대를 사용할 수 있다'는 내용의 새로운 해석을 담은 결의안을 통과시켰다. 헌법 9조는 여전히 유지되고 있지만, 다카하타 이사오는 이 점을 지적한 것이다.

토론을 하다

퍽 인상적으로 남아 있는 건(물론 미국을 흉내 낸 것이지만) 중학교 때부터 패널 토론이라는 걸 했다는 겁니다. 두 그룹으로 나뉘어 "주식(主食)으로 쌀이냐, 빵이냐", "재군비가 옳으냐 그르냐" 같은 것을 토론한 거죠. 그 당시 소위 '문단속론'이라는 개념이 나와 아이들도 꽤 쉽게 이해할 수 있었어요. 역시 국가라면 '문단속'이 필요하지 않겠느냐는 흐름 속에 재군비(再軍費) 찬성파가 다수가 되었습니다. 저도 그쪽에 얼렁뚱땅 편승했던 것 같아요.

그래서 나중에는 재군비 반대파가 결국 한 명만 남았는데, 그 친구는 절대로 재군비를 허용해서는 안 된다는 거예요. 근거는 제대로 대지 못하면서도요.

그 부친은 약국을 운영했는데, 사회당 시의원 출신이었어요. 그는 이유를 정연하게 말하지는 못했지만, 어쨌든 절대로 재군비는 안 된다며 무척 애를 썼어요. 그게 너무나 인상적이어서 오래도록 기억이 나더라고요. 10년 전쯤 그에게 당시 이런 일이 있었다고 말했더니 정작 그는 전혀 기억하지 못했습니다만.

민주주의 교육 제1기생의 시대

    이렇게 옳은지, 그른지 따져 보는 것을 교실에서 하고 있었습니다. 요컨대 선생님들도 민주주의 교육이라는 것에 대해 열심이었던 거예요. 제 부친도 도쿄에 가서 'GHQ 연수'를 받아 민주주의 교육에 대해 공부했습니다. 왜냐하면 그때까지 군국주의 교육을 시켰던 사람인데, 이제는 손바닥 뒤집듯이 정반대로 아이들에게 교육을 시켜야 했거든요.

    패전 직후부터 미국이 들어오기 전까지 망연자실해 있었는데, 이제 미국이 들어왔으니 민주주의 교육을 시켜야 했습니다. 그런 상태였으니 패전 때 여름방학이라는 완충 기간이 있었다는 것만이라도 교사들에게는 큰 도움이 됐을 거라고 생각합니다.

우리 같은 아이들도 이런 정황쯤은 이해했어요. 민주주의에 관해선 선생님과 우리가 대등하다고 생각했습니다. 선생님도 우리도 민주주의를 잘 모르니까요. 모르는 것에 대해서는 대등해요. 그래서 시행착오도 많이 겪었죠. 다소 과한 경우가 있기도 했습니다만, 어떻게 반 편성을 하고 반장을 뽑을지 정하기도 하고, 학생회 선거의 공약을 만들거나 찬조 연설도 하고, 학예회도 대본을 만들 때(결과적으로는 선생님이 거의 다 쓰셨지만) 학생과 선생님이 함께 모여 짜내기도 하고…. 요약하자면 '민주주의 교육 1기생'이라는 느낌이었어요.

한참 시간이 지난 뒤 동창회에서 중학교 때 선생님께 "선생님은 그때 민주주의를 알고 가르치셨어요?"라고 물어봤어요. 그랬더니 선생님의 답변은 "아니, 너희들이랑 마찬가지였지."였습니다.

그런 것은 지금 생각하면 꽤 좋았던 것 같습니다. 실수를 포함해 그 모든 것을 스스로 했다는 생각이 들거든요. 아마 같은 학교 교육이라고 해도 그 후의 선생님이나 아이들은 스스로 무엇인가를 만들어 낸다고 하는 느낌은

별로 들지 않았을 겁니다. 그런 걸로 따지면 우리는 굉장히 행복했던 것 같아요.

내가 자라난 터전, 오카야마

그 외에도 먹는 것에 어려움을 겪었다든지 하는 이런 저런 경험이 있습니다.

우리 집은 아버지가 농가에서 자랐기 때문에 산 위의 땅을 빌려 밭을 만들고, 토마토, 가지 같은 야채와 콩, 감자 등을 수확해 먹고 살았습니다. 고구마는 조금 전에 맛이 없었다고 말했지만, 말려서 먹으면 맛이 괜찮습니다. 어머니는 고구마를 쪄서 얇게 썰고 멍석 위에 가지런히 널어 말렸어요. 그런데 말릴 때까지 기다릴 수 없으니까 몰래 집어 먹곤 했죠. 형제가 많다 보니 다 건조되기 전에 그렇게 없어져 버리는 게 몇 번이나 반복됐습니다.

하지만 어렸을 때 밭일을 돕는 건 정말 싫었어요. 좋은 건 수확 때뿐이고 제초 같은 일은 너무 힘들었거든요. 형과 저는 거름을 짊어지고 산 위의 언덕길을 오르다가 삐끗해 얼굴에 튀기도 하고… 이런 경험은 두 번 다시 하고 싶지 않았어요.

하지만 나중엔 그런 경험이 다 도움이 됩니다. 어떤 경험이든 의미가 있고, 자신이 살아가는 데 기초가 되는 것 같아요.

이를테면 종전 후 안정이 됐을 때 우리 집은 동쪽 산비탈의 중턱에 있었는데 뒤쪽은 맹종죽의 대나무숲, 건너편 산은 참나무가 많은 잡목림이었어요. 그래서 봄의 새싹과 신록, 여름의 새와 벌레, 그리고 가을의 단풍과 낙엽, 초겨울에 시드는 잡목림까지 다양하게 바뀌는 풍경을 즐겼습니다. 이 경험은 나중에 도쿄에 오고 졸참나무가 가득했던 무사시노(武蔵野)의 잡목림을 즐기는 경험으로 이어졌습니다.

재작년(2013년) 『다케토리 이야기(竹取物語)』를 원작으로 한 〈가구야공주 이야기かぐや姫の物語〉를 만들었는데요, 영화 속에 나오는 '새·벌레·짐승·풀·나무·꽃' 같은 동요 가사나 대나무숲도 원점은 역시 오카야마의 삶입니

다.(『다케토리 이야기』의 무대인 헤이안(平安) 시대는 대나무라고 해도 아직 맹종죽은 없었습니다)

특히 오카야마는 산의 풍광이 바뀌어 가는 것이 인상적이어서, 그런 환경에 대해 큰 관심을 갖는 계기가 되었습니다. 지금으로부터 70년 전에는 조잔(操山)의 정상 부근이 별채된 초지였습니다. 그래서 산 정상의 색상이 주위와 다르고, 하쿠비선(伯備線, 오카야마현 구라시키시에서 돗토리현 요나고시 사이를 다니는 서일본 여객철도)의 증기기관차 D-51이나 우노선(宇野線, 오카야마현 오카야마시에서 오카야마현 타마노시를 다니는 서일본 여객철도)의 C-57의 뿔(〈은하철도 999〉의 기차처럼 옛날 기차의 기관실 위에 달린 라이트 부분이 솟아 있는 것을 가리킴)과 비슷해 보였습니다. 초지를 제외하면 잘 손질된 소나무로 덮인 아름다운 산이었고, 모두 거기에서 놀았습니다. 하지만 지금은 초지였던 곳도 포함해서 전부 잡목으로 가득합니다.

흥미로운 게 소나무는 메마른 땅에서도 자라는 고마운 나무인데, 화석 연료와 비료 보급 덕분에 더 이상 낙엽을 긁어 가지 않고 땅이 비옥해지니까 다른 나무가 자라서 소나무가 밀려난 거예요. 물론 소나무좀벌레의 피해도 컸겠지만, 손질을 하지 않고 놔두면 각종 잡목들이 자라나거나 대나무 덤불이 되기 일쑤입니다. 교토(京都)에 유명한 아라시산(嵐山)이 있는데, 지금은 화려한 단풍이 물드는 산이지만 예전엔 모두 소나무 산이었어요.

세토 내해의 섬도 완전히 바뀌었습니다. 옛날에 비하면 지금이 훨씬 녹음이 풍성해요. 옛날에는 민둥산에 가까운 산뿐이었는데, 그냥 내버려 두니까 자연스럽게 녹지가 많아졌습니다. 일본의 자연은 원래 풍요로워서 인간이 혹사하지 않으면 스스로 풍족해지는 힘을 가진 땅이 많은 것 같아요.

땔감이나 장작을 쓰지 않고, 낙엽도 쓸어 내지 않고, 요컨대 지금처럼 이용하지 않고 있으면 숲의 식생은 회복될 것입니다. 물론 관리가 전혀 없으면 좋은 숲이 되진 않겠지만요.

'옛날에는 참 좋았는데 요즘은 형편없어졌어' 같은 말이 꼭 맞는 건 아닙니다. 그렇게 상실감만 부추기는 말에는 동의할 수 없어요. 일본은 의지만 있으면 얼마든지 자연과 접할 수 있으니, 좀 더 자세히 들여다봐야 합니다.

또 하나, 저는 아리아케해(有明海)에 접한 야나가와를 무대로 한 〈야나가와 수로 이야기柳川堀割物語〉라는 다큐

멘터리를 만들었는데요, 오카야마 출신이다 보니 고지마(児島)만이나 가사오카(笠岡)에서 갯벌을 즐기고, 간척 사업을 보고, 오다라(大多羅)의 용수로에서 작은 배를 저어보고 했던 것들이 도움이 됐습니다.

3

전쟁을 원하지 않는다면
무엇을 해야만 하는가

오키나와, 70년 평화의 이면에는

　이야기를 공습의 해로 되돌리면 그해(1945년) 8월 15일 일본이 무조건 항복을 하면서 전쟁이 끝났습니다. 그리고 오늘날까지 70년간 평화헌법 아래 지금도 '전후(戰後)'라고 부를 수 있는 행복한 나라로 지냈습니다.

　다만, 우리가 결코 잊어서는 안 되는 것은 희생이 계속되고 있는 오키나와입니다. 지금 오키나와는 특히 헤노코(辺野古, 후텐마 미군 기지의 이전 후보지. 이전 공사를 반대하는 오키나와현과 일본 중앙정부가 갈등을 빚고 있다) 문제가 주목을 받고 있습니다.

　오키나와 전투가 종료된 것은 일단 공식적으로는 1945

년 6월 23일로 되어 있습니다. 매년 열리는 추도식이 바로 며칠 전에 있었습니다만, 오나가 다케시(翁長雄志) 오키나와 지사와 아베 신조(安倍晋三) 총리의 인사말은 내용에서 현격한 차이가 드러났습니다.

전쟁이 끝나면서 미국을 중심으로 하는 연합국은 일본 전체를 지배했습니다. 그러다가 1952년 4월 28일 샌프란시스코강화조약이 발효되어 일본 본토가 미국에서 독립합니다. 그리고 오키나와는 미군정 지역으로 남아 본토와 단절됐습니다. 이와 더불어 일본 전역에 있던 미군 기지는 감축됐고 그 대신 오키나와에 미군 기지들이 들어섰습니다.

그런 상황이었기 때문에 오키나와 주민들은 다시 일본으로 복귀하면 본토와 마찬가지로 미군 기지가 없어질 것이라는 기대를 하게 됐습니다.

1972년 마침내 오키나와는 본토에 복귀하게 됩니다. 그러나 오키나와 주민들은 또 뒤통수를 맞습니다. 일본에 복귀했는데도 미군 기지는 계속 유지됐고 지금에 이르게 된 것이죠. 본토에 있는 우리가 이 문제를 계속 못 본 척해도 괜찮은 걸까요?

오키나와 문제에서 중요한 것은 70년간 지속된 일본

의 평화가 오키나와를 희생시켜 가능했던 게 아닌가 하는 부분입니다.

물론 일본 국민 전체가 평화헌법을 지지했던 것은 틀림없습니다. 그래서 지금의 평화가 있는 것이죠. 게다가 당시에는 공산당과 사회당의 세력을 합치면 자민당이 지금처럼 압도적이지는 않았습니다. 또, 자민당 내부에도 전쟁이 얼마나 비참했는지를 뼈저리게 경험한 정치인들이 꽤 있었기 때문에 당시 헌법을 만들 때도 군사 문제에 대해선 제동을 걸 수 있었습니다.

비록 경찰예비대나 자위대가 창설됐지만, 평화헌법에 대한 국민들의 절대적 지지가 있었기에 한국전쟁이나 베트남전쟁 등에 일본이 개입되는 것을 강력하게 저지할 수 있었던 거죠.

하지만 그게 전부는 아닙니다. 평화헌법이 있어서 일본의 평화가 유지된 것은 확실하지만, 미국은 한국전쟁과 베트남전쟁 당시 일본, 특히 오키나와를 기지로 삼아 전쟁을 수행했습니다.

미국은 이때 일본이 미국의 역할을 대신 해주기를 무척 바랐을 테지만 그럴 수는 없었지요. 일본 정부는 헌법 9조를 구실로 내세워 자위대를 전쟁에 참가시키지 않았으니까요. 그 대신에 일본은 오키나와에서 미국을 더할 나위 없이 극진히 대접했습니다. 오키나와가 그 희생물이 된 거죠.

미국과의 관계 때문에 오키나와에 이런 부담을 안겨 왔다는 것을 본토 사람들이 잊어서는 안 됩니다. 그래서 오키나와 문제를 방치하는 것에 대해 오키나와 주민들에게 진심으로 죄송하게 여기고 있습니다. 그리고 일본의 평화라는 것에 대한 전반적인 사고와 인식이 필요하다고 봅니다.

'머리로 사는 사람'의 시대

전쟁이 끝난 후 여러 가지 반성이 일어났습니다. 전쟁기에 살았던 사람들, 예를 들어 시인이나 예술가 등도 대부분 전쟁에 협력했습니다. 가장 유명한 것은 다카무라 고타로(高村光太)라는 시인이죠. 그런데 그런 사람들은 왜 전쟁에 협력했을까요?

오카야마 출신의 나가세 기요코(永瀬清子)라는 시인을 아시는지요? 현의 여러 가지 중요한 일도 하셨던 분입니다. 많은 시인들에게서 존경을 받고 있고 저도 아주 좋아하는 시인입니다.

여성의 정신적 자유나 일상의 기운을 생생하고 알기

쉬운 말로 잘 포착한 훌륭한 작품들이 있는데요, 다소 정치적인 작품도 있었습니다.

나가세 기요코의 마지막 시집 『봄이 되면 휘파람새처럼』(『春になればうぐいすと同じに』)에서, 그 구절을 읽어 보겠습니다.

> 언제나 가장 가까운 상대를
> 기쁘게 해 주고 싶은 것이 일본인이랍니다 (중략)
> 그러니까 무엇으로 먹고사는지가 중요하죠 (중략)
> 머리로 먹고사는 것은 매우 위험해요.
> 왜냐하면 만약 세상이 바뀌면
> 나 자신을 의지하며 말하기가 어려워지고
> 말을 하면 먹고살 수가 없어요.
> 언젠가 뛰어난 시인도 시로 먹고살다 보니
> 나라와 사람들을 모두 즐겁게 해 주며
> 그렇게 전쟁에 임했던 것이죠.

「나 자신을 의지하며 말한다」(「自分が自分にたよって云う」)

시를 많이 접하시는 분들은 몇 년 전 돌아가신 이바라키 노리코(茨木のり子)의 '기대지 않으며(倚りかからず)'라는 시를 떠올리실지도 모릅니다.

이제
어용의 사상에 얽매이고 싶지 않아 (중략)
이제
어용의 학문에 얽매이고 싶지 않아
어용의 권위에 눌리고 싶지 않아
오래 살면서
마음속 배운 것은 그 정도

훌륭한 시입니다. 하지만, 인간은 자신도 모르게 무언
가에 의존해 버리게 됩니다. 이바라키 씨도 이 시를 쓴
것은 이러한 각오가 엄격하게 추궁당하던 전쟁 중이 아
니라, 추궁받지 않게 된 전후 시대였습니다.

나가세 씨는 농사도 짓고 아이도 키우고, 시를 쓰는 시
간은 매우 적었지만, 성실하게 생활했습니다. 이런 사람
들이 많았을 것 같은데, 지금은 '머리로 사는 사람' 투성
이네요. 그렇게 '머리로 사는 사람'이 늘어나면서 위험한
세상이 되어 버렸다고 느낍니다.

예를 들어 유명인이 텔레비전 프로그램의 사회자가 됐
다고 해 봅시다. 대개 시청자를 기분 좋게 만들어 주려고
합니다. 사회자가 요리를 한 입 맛보고는 "음, 나의 입맛
엔 맞지 않는데."라든지, 화제가 된 미술품에 대해서 "나

는 이 사람 작품은 싫은데요."라고 결코 말하지 않지요. 그런 말을 했다간 방송국이나 시청자에게 원성을 사서 바로 퇴출될 겁니다. 이런 자유로운 시대에도 유명인들은 '화기애애'한 '좋아요'의 세계를 훼손해서는 안 되는 걸요.

중요한 건 주위 사람들

가네코 미츠하루(金子光晴)라는 시인이 있었습니다. 이 분은 전시에 아들을 전쟁터로 보내고 싶지 않아서 징병 검사 전 비를 맞게 한 뒤 폐렴에 걸리도록 했어요. 그래 서 징병을 피했습니다. 이 일은 전쟁이 끝난 뒤 전설적인 미담처럼 화제가 됐습니다.

하지만 어떤가요, 여러분. 본인 옆에 그런 사람이 있다 면 괜찮을까요? 자기 남편이나 아들은 전쟁에 나가 있는 데 그렇게 이기적으로 머리를 굴리는 녀석이 있다, 이게 허용이 됩니까? 이게 영웅이에요?

하지만 전후에 가네코 미츠하루는 일종의 영웅처럼 대

접받았습니다. 그런 식으로 분위기가 바뀌었더라고요. 전쟁이 끝난 지 얼마 안 됐으니 전쟁은 지긋지긋하고 또 전쟁이 일어날 거라고는 생각하지 않았기 때문에 전쟁 중에 용기를 냈던 사람(일종의 대단한 용기니까)을 칭찬 하게 된 거죠. 미츠하루가 바로 '의존하지 않은' 사람인 거죠. 상당히 개인주의적인 인물입니다. 대단한 사람이 에요.

그러나 일본인은 개인주의자가 아닙니다. 대부분의 일 본인은 기독교인이 아니에요. 신과의 관계에서 자기를 규정하지 않아요. 신에 대한 두려움 때문에 행동하는 것 이 아니라 중요한 건 주위 사람들과 조상이죠.

즉, 세상에 맞추는 것이 중요해요. 주변 사람들이나 조 상에게 보여지고 있으니, 그들에게 부끄럽게 보일 만한 일을 해서는 안 된다고 일본인은 생각합니다.

그런데 이런 건 매우 위험해요. 예를 들어 미국과 전쟁 을 막 벌이려던 무렵 일본에는 재즈 팬이 많았어요. 미국 영화에 푹 빠진 사람들도 정말 많았고요. 전쟁 직전까지 만 해도 '모보', '모가'라고 불리는 '모던 보이', '모던 걸' 이 도시에 널려 있었습니다.

그건 유럽과 미국의 높은 문화적 수준을 보고 모두 동

경하고 있었다는 거예요. 실력 차를 느끼기 때문에 우러러보면서 "미국과 전쟁을 해도 이길 수는 없지."라고 말했던 것입니다. 하지만 일단 전쟁이 시작되자 그런 사람들이 어떻게 했을까요?

순간 '난처하게 되었다'고 생각했을지도 모르지만, 영화에서 그려지듯 훌륭하고 주체적인 사람을 제외하고, 결국 대부분은 전쟁에 찬동하고, 연등 행렬이나 깃발 행렬에도 따라갑니다.

분위기를 읽는 일본인

탁월한 이기주의로 가문의 대를 이을 남동생의 아들에게는 '그대는 죽지 마라'고 노래한 요사노 아키코(与謝野晶子)도 1942년에는 군국의 어머니가 되어 자신의 아들에게 "대위가 된 우리 시로미, 군(軍)에 가는 즉시 전장으로"라고 독려했습니다.

왜 그랬을까요? 본심이 아닌 걸까요? 그렇지 않아요. 지금 사람들은 저게 국가에 강요된 것이라고 생각할지도 모르지만 그것은 아닙니다. 그때의 '주위 사람들'이 중요한 거죠.

일단 전쟁이 시작되고 난 이상 지면 비참하게 되는 게

당연하고, 그렇게 되면 '앞으로 이겨야 하는 것 아닌가' 라고 생각하기 시작하죠. 아무리 동경하고 있어도 '일본은 틀렸으니까 조국을 버리고 서구로 망명하자'라고는 생각하지 않습니다. 타국 사람들 사이에서 불편을 견디는 것보다 어떻게든 주위의 일본인과 사이좋게 지내고 싶다고 생각하죠.

대세가 전쟁을 하는 쪽으로 돌아섰다면, 자신도 거기에 동조해 '이제 이렇게 된 이상 이기는 수밖에 없지 않을까'라는 생각을 갖게 됩니다.

"이런 전쟁은 해도 소용없고, 해서는 안 된다."라고 말한 사람이나 혹은 '질 것이다'라고 생각했던 사람도 일단국가가 전쟁을 결정하면 지금까지의 주장은 무의미해져요. 그렇게 돼서 "이제 이기는 수밖에 없어."가 돼 버리는 거죠. 저에겐 이게 가장 무서운 일이에요.

이런 일이 앞으로도 일어날 거라는 것은, 예를 들면 '분위기 파악 좀 하라'라는 말이 있지요? 요즘 젊은 사람들이 많이 사용하고 있는데, 그것이 나에게는 놀라움이라고 해야 할까요, 실망이라고 해야 할까요. '옛날과 아무것도 변하지 않았나?'라고 생각했습니다. 새로운 말도 아닙니다. 이 '분위기 좀 파악해'라는 것은 '튀는 행동 하지 마, 말하지 마' 이런 얘깁니다. 그러니까 예를 들어, 모두가 전쟁에 휩쓸려 가고 있을 때, "이건 이상한 거 아니야?"라고 말하지 않는 거예요.

헌법을 지킨다는 것

　"화(和)를 귀하게 여기라."라는 말은 너무나 훌륭하고, 잘 기능할 경우엔 분명히 좋겠지요. 그런데 한편으론 너무 위험해요. 대세가 이러니까 말하지 않는 편이 낫겠지, 현재의 아베 신조 정권에도 그런 사람이 많은 것 같습니다.

　'지금은 그런 흐름입니다', 일본인은 '흐름'이라는 것을 중시하니까요. 분위기가 그렇게 흘러가고 있으니까 거기에 기여해야 한다고 생각해요. '분위기를 바꾸자'라고는 절대 생각하지 않아요.

　전형적인 예를 들어 볼게요. 얼마 전 헌법 9조 수호를 논의하는 모임에 공공시설을 빌려주지 않겠다고 밝힌 지자체가 있었습니다. 요컨대 여론이 갈라져 있는 이슈와 관련된 단체에는 빌려주지 않는다는 것이죠. 이것은 매우 이상한 일입니다.

헌법을 지킨다, 호헌(護憲)은 공무원에게 부여된 의무입니다. 설령 개인적으로 헌법에 반대하는 의견을 갖고 있어도 공무원들은 현재의 헌법을 지키는 편에 서지 않으면 안 됩니다. 그것이 공무원의 입장이고, 법률인 것입니다. 그런데 그런 의무를 제쳐두고 일단 눈치를 보고 흐름을 봐 가며 판단한다? 어쩐지 두려운 일이에요.

이 헌법을 지키려는 입장에서 말씀드리면, 아키히토 천황은 2013년 12월 생일의 기자회견에서 인생에서 특히 인상에 남는 것으로 지난 전쟁(제2차 세계대전)을 들면서 "일본은 평화와 민주주의를 지켜야 할 소중한 것으로 생각해 일본국 헌법을 제정했고, 여러 개혁을 통해 오늘날의 일본을 건설했습니다."라고 말했습니다. 즉, 천황은 확실히 호헌파입니다. 헌법 지키는 것을 당연한 의무로 삼고 있는 거예요.

아키히토 천황은 헌법에 따라 많은 공무를 하고, 여러 곳에 다니면서 사람들을 격려하고 있지요. 진심으로 감

탄하게 됩니다. 그는 헌법의 규정을 따르는 것 이상으로 헌법의 이념에 입각해서 행동하고 있다고밖에 생각되지 않습니다.

아키히토 천황과 미치코(美智子) 여사 부부를 좋아하는 사람이 많다고 생각하는데, 왜 그럴까요? 그것은 천황 부부가 평화 애호가이고 문화를 존중하며 저와 같은 세대가 공감하는 바가 많기 때문입니다. 천황 부부도 우리도 전후 민주주의의 자녀인 것입니다.

나도, 당신도, 그렇게 되는 무서움

마도 미치오(まどみちお)라는 아주 뛰어났던 지인이 최근 돌아가셨습니다. '코끼리' 같은 동요는 모두가 사랑하죠. 이분도 전쟁 중에 여러 편의 전쟁 협력시를 썼어요.

시 전집을 출간하면서 자신이 수치스러운 일을 저질렀다면서 전쟁 협력시도 수록한 거예요. 그리고 나서 "독자였던 어린이들에게 사죄를 해야 하는데 벌써 50년이 지났습니다. (중략) 저의 사이비 행세를 세상에 드러냄으로써 용서를 구하고 싶었습니다."라고 썼죠. 이런 것을 할 수 있는 사람은 매우 양심적이고 우러러볼 만한 분이라고 생각합니다. 정말 훌륭한 시인이고 저도 너무나 좋아하고 존경스럽습니다.

그러나 실제로 전쟁 중에 내놓은 시를 보면 말이죠, 그는 양심적으로 행동하려고 했지만 정부로부터 압력을 받는 바람에 그러지 못했다? 확실히 그런 건 아니었던 것으로 보입니다.

어떤 시인가 하면 '머나먼 메아리(はるかなこだま)'라는 시의 한 구절입니다. "이제야말로 그대들도 그대들의 적을 맞아 어떻게 해서든지 그 적을 무찌르라"라고 아이들을 향해 외치고 있습니다.

그 뒤 생존해 있는 동안 두 편의 전쟁 협력시가 추가로 발견되었죠. 그중 하나를 읽어 보겠습니다. '아내(つま)'라는 시입니다.

이 전쟁은
어떻게 해서든지 이겨야 하는 거니까
당신은 조용히
나의 얼굴을 지켜봐 줘
깊은 신뢰의 눈빛으로
고개를 끄덕인다

중간을 생략하겠습니다만, 끝맺음은 다음과 같습니다.

그대는 고개를 끄덕이는가
부부보다도
부부보다도
더욱 숭고한 피의 고향에서
아…
동지를, 동지를 얻은 것이냐

'더욱 숭고한 피의 고향'이라는 것이 무엇을 뜻하는지 아실 겁니다. 그리고 대만에 거주하던 마도 씨는 이 시와 세트인 산문에서 "아이들을 제쳐놓고, 무슨 황민화(皇民化)가 있겠나?"라고 쓰고 있습니다.

이런 시가 강제로 쓰게 됐다느니, 본의 아니게 썼다느니, 중요한 건 그런 게 아닙니다. 그때는 마도 씨도 마음속으로 생각했던 그대로를 시로 쓴 것이 분명합니다. 이런 게 두려움이거든요.

그는 아사히신문 기자에게 "저는 겁이 많은 사람입니다. 다시 전쟁이 나면 같은 실수를 반복할 것 같아요. 결코 장담할 수 없으니, 나약한 인간이라는 눈으로 항상 저를 보고 싶습니다."라고 말하고 있습니다.

이 자리에 계신 분들도, 저도 일단 전쟁이 시작되어 버린다면 '시작한 이상 이겨야겠지'라고 생각하면서 아마도 정부의 전쟁에 협력을 하게 되겠지요. 그런 사람이 압도적 다수가 되는 것은 아닌가 하는 두려움이 있어요. 전쟁이나 정치의 방향이 맞든 틀리든 그런 건 상관없게 될 거예요.

일본인은 '똘똘 뭉친다'는 것을 매우 좋아합니다. 일장기를 세워 놓고 뭔가 하는 것을 아주 좋아해요. 예를 들어 올림픽 같은 행사를 좋아하고, 방송도 객관성이 결여되어 있지요. 모두가 일제히 요란스럽게 일본을 응원하기 시작하는 거예요.

냉정하지 않은 것이 필요해지는 때

전쟁 때도 마찬가지였습니다. '쏘아 죽인다', '본토 결전', '전진하는 1억 명의 불덩어리', '신풍(神風)이 분다' '최후의 한 명까지 싸운다', '1억 옥쇄'…. 그런데 다 죽어버려도, 국민이 없어도, 대일본제국이 남아 있을까요?

지금 젊은 층은 이걸 보면 완전히 난센스라고 느끼겠지요. 하지만 나이가 많든 적든 간에 이런 난센스를 난센스라고 판단하는지 아닌지를 가리는 차원이 아닙니다. 모두가 거대한 판타지에 몰입할 것이냐 하는 것이었죠. 즉, 냉정함 따위는 필요하지 않았던 것입니다.

'이제 이기는 수밖에 없다', '1억 명이 총궐기해서 극복

할 수밖에 없다', '지더라도 옥쇄할 수밖에 없다'는 심정이 되고 맙니다. 요컨대 "살아서 포로가 되는 치욕을 당하지 마라"(1941년 육군대신 도조 히데키가 각 군에 하달한 유명한 구절. 이로 인해 일본군에서는 포로가 되는 것을 기피하는 분위기가 퍼졌고, 패배가 확실해지면 지역 민간인까지 강제로 함께 집단으로 자결하도록 했다)라는 그 유명한 전진훈(戰陣訓)이 가졌던 거대한 구속력 같은 것이 확실히 있었습니다.

하지만 무서운 건 스스로 거기에 뛰어들고, 빠져든다는 그 심정입니다. 우리 일본인은 그런 것을 갖고 있습니다. 비록 어리석은 전략과 전술에 의해 전쟁이 진행되고 있다고 해도 '그것은 개의치 않는다', '무슨 일이 있어도 이겨야 한다', '패배할 수는 없다' 이런 정신이 앞으로 또 다시 전쟁의 시대가 왔을 때 가장 무서운 효과를 발휘하게 될 거란 말이죠. 우리는 민주주의 1기생이었는데, 65기생인 지금 세대까지도 이런 것들은 전혀 바뀌지 않은 것 같아요.

제가 요사노 아키코를 비롯해 나가세 씨, 이바라기 씨, 마도 씨의 시를 인용했던 것은 그들을 비판하기 위해서가 아니라 우리도 어쩌면 그들과 같지 않을까 하는 두려움을 여러분과 공유하고 싶었기 때문입니다.

일단 전쟁 같은 사태에 돌입하게 되면 '내가 스스로에게 의지하지' 못하고 그만 대세에 순응해 '의존하게 되면서' 휩쓸려 가지는 않을까 하는 두려움, 그것을 깊이 자각하고 싶었기 때문입니다.

일본의 민주주의 모습

　민주주의 교육을 받았는데도 일본인에게는 주변이 반대하든 말든 각자가 주체적으로 생각하고, 자신의 의견을 제대로 말한 뒤 논의를 거쳐 심화해 나가는 서구의 개인주의를 전혀 찾아볼 수 없습니다. 전후 이만큼 시간이 흘렀는데도 민주주의가 몸에 배지 않은 거죠.

　미국보다도 나쁘다고 생각합니다. 툭하면 전쟁만 하는 미국은 정말 최악의 끔찍한 국가라고 저는 생각하지만, 그래도 저 나라는 다시 일어설 가능성이 있어요. 왜냐하면 반대 세력이라는 게 항상 존재하고 있으니까요.

　하지만 일본의 경우 반대 세력을 일소하려고만 하죠. 에도시대의 무라하치부(村八分, 일본 에도시대에 촌락 공동체 내의 규칙이나 질서를 어긴 자에 대해 집단이 가하는 제재 행위. 지역사회의 특정 주민이나 집단의 특정 멤버를 배척하는 행위를 가리킨다)가 그랬어요. 일본의 민주주의는 촌락 공동체에 불과합니다. 회합이나 모임이라는 것이 만장일치주의입니다. 이치를 다해 설득을 하는 것도, 진정한 논의를 하는 것도 아닙니다. 최종적으로 분위기를 읽고 만장일치로 끌고 가는 거죠. 정 안 되면 무라하치부를 적용합니다. 반대파를 몰아내고 없는 것으로 치는 거죠. 반대파가 없으면 만장일치가 됩니다.

이러한 일본인의 체질은 현재 다수결로 정하는 의회에서도 드러나고 있습니다. 이치를 다한 설득도, 참다운 논의도 없이 보여 주기 식으로 심의만 거친 뒤 반대파는 '없는 것으로' 치고 의결해 버립니다. 우리는 진정한 민주주의, 참다운 논의라는 것을 익히도록 노력해야 합니다.

난민 문제에 대한 대응도 그렇습니다. 국제사회의 일원으로서 우리 이외의 사람들, 동료라고 할 수 없는 사람들, 이질적인 종교나 관습에 따라 살아가는 사람들과 잘 어울리기 위해서는 우리의 체질 개선이 급선무입니다. 그러나 체질 문제이다 보니 간단치가 않습니다.

전환기에 놓인 현재

제가 살아온 일본은 지금 전후 70년 만에 커다란 전환기를 맞고 있습니다. 정부가 하는 말처럼 '세계 상황이 어려워지고 안전보장 환경이 근본적으로 바뀌었다'는 의미가 아닙니다.

그 부분을 말하자면, 아프가니스탄이나 이라크 전쟁에서 미국이 판도라의 상자를 열어 버린 중동이라면 몰라도 동아시아의 기본 정세는 변하지 않았다고 생각해요. 중국이 뭘 하든 간에 전쟁은 그렇게 쉬운 일이 아닙니다. 그건 다들 잘 아실 거예요.

예를 들어 센카쿠 열도(尖閣列島)가 불안 요인으로 꼽히고 있습니다만, 센카쿠 열도는 사람이 살지 않는 섬입니다. 그러므로 만일 최악의 경우 우발적인 충돌이 일어난다고 해도 그것은 일종의 국경 분쟁에 지나지 않습니다.

국경 분쟁은 그동안에도 중국-소련, 인도-파키스탄 혹은 중국-베트남 등 여러 곳에서 많이 벌어졌습니다. 그렇기 때문에 센카쿠 열도 문제는 승강이 정도로 끝나게 되어 있습니다. 그것을 빌미로 시작하려는 속셈이 아닌 이상 전면전은 일어나지 않아요.

그런 작은 소란을 위해 원자폭탄이 필요할까요? 필요 없죠. 거대한 미사일이 필요할까요? 필요 없습니다. 그런 건 위협도 되지 않고 억지력(抑止力: 한쪽이 공격하려고 하여도 상대편의 반격이 두려워서 공격하지 못하도록 하는 힘)도 되지 않는다고 생각합니다.

다시 말해서 승강이를 벌이면서 동시에 어딘가에서 타협점을 찾을 수밖에 없는 국지전(局地戰)에 지나지 않습니다. 물론 그런 국지전이라도 일어나지 않도록 하지 않으면 안 됩니다. 하지만 설령 그게 일어났다고 해도 대단한 군비라든지, 동맹이라든지 하는 그런 것들을 동원해야 하는 수준은 아니라는 거죠. 제가 이해하는 바로는 그렇습니다.

센카쿠열도나 난사군도(南沙群島)를 불안 요소라면서 부추기는 일이 여러 가지 있습니다만, 중국도 골치 아픈 국내 문제에 묶여 있고, 경제적으로 미국, 일본과 대규모 무역을 하고 있기 때문에 쉽게 이성을 잃으리라고는 생각하지 않습니다.

오히려 일반론적인 측면에서 본다면, 이성을 잃을 위험성이 있는 건 우리 일본인이 될 가능성이 높다고 생각합니다. 어느 시점부터 이성을 잃고 질주하기 시작했다는 것은(이미 역사적으로 실증됐습니다만) 일본이 거대한 전환점을 맞이하고 있다는 것을 의미하는 것은 아닐까요?

'우물쭈물 체질'

아베 정부는 안보 환경이 근본적으로 바뀌었기 때문에 해석 개헌을 통해 헌법 9조와 그 정신을 팽개치고 보통 국가가 되어야 한다고 합니다. 전쟁을 할 수 있는 나라가 되어 빈틈없는 방위가 가능하게끔 만들고 싶은 것이겠죠.

주변 환경이 변했다고 위협하고, 제한 요소를 잔뜩 달았다며 안심시키고, 또한 유연하게 임기응변으로 대처할 테니 염려할 게 없다고 합니다. 그런 건 정치가라면 누구나 하는 말이죠.

그러나 일본의 경우 그런 것은 대개 성공하지 않습니

다. 저는 그것을 '우물쭈물 체질'이라고 표현하는데, '결단해서 다음 단계로 간다' 혹은 '국면을 올바른 방향으로 전환하겠다'라고 말하지 못하거나 반대 세력이 아예 없는 거예요. 그런 것을 얼마나 많이 봤습니까. 소위 '대동아전쟁'을 시작할 때도 그랬고, 패배가 확실해질 때까지도 그랬어요.

막다른 골목에 몰리고, 그래도 전황을 잘못 읽고 소련에 중개를 부탁하는 등 어리석은 짓을 하면서 우물쭈물하다가 오카야마를 포함한 일본의 도시들이 초토화되어 어쩔 줄 몰라 하는 사이 원자폭탄 투하와 소련 참전이라는 최악의 상황이 되고 나서야 끝난 것입니다. 끔찍한 참화를 국민에게 안겨 주고 말이죠.

이 우물쭈물 체질은 사실 지금도 계속되고 있어요. 최근의 예로 말씀드리면 버블 경제가 그런 것이죠. 일본은행에 있던 인사들은 이대로는 안 된다는 것을 알고 있었던 것 같습니다. 하지만 어쩔 수 없다며 질질 끌다가 파탄 날 때까지 바꾸지 못했어요. 그리고 후쿠시마 원전의 사고 후 처리 방식에서도 그런 걸 느끼게 됩니다.

'책임지지 않는 체질'

정부가 일본을 전쟁할 수 있는 나라로 만든다고 하는데, 그 '우물쭈물 체질'이 있는 한 빼도 박도 못하게 질질 끌려다닐 것 같은 생각이 듭니다.

이 '우물쭈물 체질'과 한 세트인 것이 바로 '책임지지 않는 체질'입니다. '책임을 지지 않는다'는 것은 최근의 후쿠시마 원자력 발전소 사고도 그렇습니다.

태평양전쟁의 종식과 포츠담선언을 받아들이고, 일본은 연합군 측 재판에 전범으로 넘겨집니다. 극동국제군사재판(도쿄재판)은 전승국이 일방적으로 재판했기 때문에 승복할 수 없다는 목소리가 있는데, 일견 그런 측면이 있다는 것은 인정합니다. 하지만 그분들은 지금도 전쟁에서 패한 일본이 옳았다고 생각하는 걸까요?

그것은 길을 완전히 잘못 들었다고밖에 말할 수 없지 않나요? 왜냐하면 완패했잖아요. '만세일계'의 '신성불가침'으로 알려진 천황이 상징이지 않았습니까? 국체의 수호라는 건 (어느 정도를 국체의 수호라고 하는지 모르겠습니다만) 적어도 지금 같은 천황의 상태를 원하지 않았던 것이고, 그래서 전쟁으로 국민에게 거대한 희생을 치르게 한 것이죠. 게다가 대일본제국이 옳았던 것이라면 그 제국을 붕괴시켜 버린 책임은 당시의 정치인들에게 있는 것 아닌가요? 그런데 그 책임을 정치인들이 스스로 졌나요? 그리고 일본 국민은 단 한 번이라도 추궁한 적이 있었습니까? 전혀 아니죠. 다른 사람들이 재판한 도쿄재판뿐입니다.

그리고 전쟁 책임자 중 한 명인 기시 노부스케(岸信介), 아베 총리의 외할아버지죠. 그 기시 노부스케가 출옥하고 공직 추방이 해제돼 금세 총리가 됐습니다. 누구도 뭐라고 하지 않은 그들은 그렇게 책임을 지지 않았습니다.

전쟁 중에도 그랬던 것 같아요. 대본영이든 참모본부든 실패한 고위층에 대해서는 자기들끼리 둘러앉아 화목

하게 서로 보호해 주면서 책임을 지게 하지 않았어요. 그러고는 아랫사람에게 책임을 떠넘기고는 했죠.

역사를 봐도 그렇기 때문에 만약 일본이 '전쟁할 수 있는 나라'가 되면 전략 전술이 실패하더라도 누구도 책임지지 않는 나쁜 쪽으로 우물쭈물 끌려가 버릴 위험성이 매우 높다고 봅니다.

설령 어느 누군가 나타나 "지금 높은 분들은 옛날 사람들처럼 어리석지 않아. 이제 그런 일은 일어나지 않을 거다"라며 지혜로운 얼굴로 말해 준다고 해도 그건 아무런 보증이 없습니다.

그리고 그 사람도 어느 시점에는 은퇴할 텐데, 후임 총리나 정부가 과거 전쟁을 벌인 정치인과 비교가 되지 않을 정도로 총명하고 기민하게 임기응변을 벌여 모두 대처해 준다는 건가요? 하지만 무능력한 사람도 나오기 마련입니다. 그런 경우 어떻게 되냐 하면 일본이 지금까지 보여 준 '우물쭈물 체질'이나 '책임지지 않는 체질'이 쭉 이어질 위험이 있습니다. 그러면 더 이상 제동은 걸리지 않는 거죠. 그래서 일본에는 확실한 브레이크가 필요합니다. 확실한 브레이크는 무엇일까요? 물론 헌법 9조뿐입니다.

'평화 조성'을 위해

여기서 조금 쑥스럽지만 프랑스어로 된 문장을 소개하 겠습니다. "Si tu veux la paix, prépare la guerre." 영어로 하 면 "If you want peace, prepare for war", "평화를 원한다면, 전쟁에 대비하라"라는 말로 즉, "전쟁을 준비하라"는 경 구입니다. 고대 로마시대에 생겨나 쭉 전해져 온 말인 것 같습니다. 이 사상을 바탕으로 근대 서양의 열강들이 군 비를 증강해 나간 것입니다.

아베 총리가 하려는 것은 헌법 9조의 정신을 대신해, 이 케케묵은 경구를 국민에게 믿게 하려는 것입니다. '적 극적 평화주의'라고 하네요. "평화를 위하여 전쟁에 대비하고 준비합시다."라고 합니다.

그런데 지금으로부터 60여 년 전, 제2차 세계대전 이후의 세계가 이 경구대로 다시 전쟁을 향해 움직이기 시작했을 때, 일종의 말장난처럼 이 경구를 보기 좋게 뒤집은 사람이 있었습니다. 영화 〈천국의 아이들(Les Enfants Du Paradis)〉의 각본과 '고엽(Les feuilles mortes)'이라는 샹송을 쓴 20세기 프랑스의 최고 국민시인 자크 프레베르입니다.

"Si tu ne veux pas la guerre, répare la paix". 영어로 하면 "If you don' t want war, repair peace."

"당신이 전쟁을 원치 않는다면 평화를 복원시켜라" 혹은 "평화롭게 돌려놔라"라는 뜻이죠. 프랑스어로도 영어로도 prépare(prepare)와 répare(repair), 원래의 경구와 새로운 경구가 제대로 운을 맞추고 있습니다.

프레베르는 프랑스 남부에서 열린 거대 반전 집회에 모인 젊은이들에게 이렇게 외쳤습니다. 당시 프랑스는 베트남 등의 독립을 저지하려고 인도차이나에서 전쟁을 벌이고 있었습니다. 동서양의 냉전은 격화되고 있었고 미소의 핵무기 개발 경쟁이 진행되면서 서독의 재군비가 진행될 참이었습니다.

플레베르는 말합니다. "춤추자, 모든 나라의 젊은이여. 춤추자, 평화와 함께. 평화는 정말로 아름답고, 너무나 연약하다. 놈들은 그녀를(프랑스어에서 '평화'는 여성명사입니다). 등 뒤에서 쏘겠지. 그래도 평화의 허리는 꼿꼿할 것이니, 너희가 그녀를 팔에 감싸 안아 준다면."

그리고 시의 마지막은 이렇게 마무리됩니다. "만약 그대들이 전쟁을 원하지 않는다면 복원하라, 평화를…."

어떻게 하면 망가져 가는 평화를 다시 조성할 수 있을까요? 평화를 유지하고 전쟁을 하지 않기 위해서는 첫째도 둘째도 국제 친선의 발전과 외교적 노력이 필수적입니다. 미국을 따라가기만 해서는 외교 능력이 향상되지 않아요. 일본은 스스로를 책임지는 외교를 펼칠 수 있는 능력을 더욱 갖춰야 합니다.

남기고 싶은 이야기

마지막으로 오늘 이야기할 것을 사전에 정리해 두었으니 그것을 여기에서 읽어 드리겠습니다.

헌법 9조를 기반으로 한 현명하고 강력한 외교적 노력, 평화적 국제 공헌이야말로 최대의 억지력이며, 세계 모든 나라와 상호 이해를 진전시키는 것이 일본의 유일한 길입니다.

70년간 전쟁에서 단 한 명도 죽지 않고, 죽이지 않고, 지금도 여전히 '전후(戰後)'라고 부를 수 있는 게 얼마나 행복한 것입니까. 이 평화를 굳건히 하기 위해서 우리는 일본이 헌법에 따라 전쟁을 하지 않는 나라, 전쟁을 할 수 없는 나라임을 다시금 자랑스럽게 내외에 선언해야 합니다.

추상적이고 모호한 단어로 어떤 속임수를 쓰든 일단 전쟁을 할 수 있는 나라가 되면 어떤 운명을 걷게 되는지를 우리는 역사에서 배워야 합니다. 전쟁을 할 수 있는데 하지 않는다는 것은 매우 어렵습니다. 할 수 있으면 무심코 해 버리게 될 위험이 매우 높습니다.

태평양전쟁의 개전과 패전, 끝없는 대미 종속과 비참한 원전 사고에 이르기까지 책임을 분명히 하지 않고 추궁하지도 않고, 그저 우물쭈물하며 서서히 떠밀리는 체질, 그리고 재빠르게 분위기를 읽고 그에 맞춰 동조하는 기질 등은 유감스럽게도 70년 전이나 지금이나 조금도 변하지 않은 것 같습니다.

저는 저 자신을 포함해 이런 체질과 기질이 정말 두렵습니다. 그래서 헌법 9조는 강력한 최후의 방어선으로서 바꿔서는 안 된다고 생각합니다. 9조는 전후 일본의 소신이자 이상이며 그것을 따르는 것이야말로 이웃 국가와의 우호의 기초이며 국제적으로 일본의 지위를 안정시키는 힘이기 때문입니다.

이런 모임에서는 어쩌면 좀 더 추상적인 의미의 평화

의 고귀함을 논해야 했을지도 모릅니다. 하지만 저는 올해 (2015년) 10월에 여든 살이 됩니다.

노나카 히로무(野中広務) 등 자민당 원로들도 걱정하는 것처럼 저 역시 정말로 일본이 이대로 가도 좋은지 생각하게 됩니다.

그러니 평화의 무게를 이야기하려고 할 때 정치에 대해 구체적으로 아무런 말도 하지 않고 넘어갈 수는 없습니다. 그렇게 생각하니 정말 외람되지만 오늘 제 의견을 말씀드리게 됐습니다. 대단히 감사합니다.

번역 후기

2008년 베이징올림픽 야구 준결승전 때입니다. 8회에 터진 이승엽 선수의 역전 2점 홈런으로 극적인 역전을 거뒀죠. 승리를 눈앞에서 놓친 일본 선수들은 자국민들로부터 많은 비난을 받았습니다. 당시 일본인들이 가장 많이 이용하는 포털 '야후 재팬'에 들어갔다가 몇몇 댓글이 눈길을 끌었습니다. 이날 좋지 않은 경기력을 보인 일부 선수를 '전범(戰犯)'이라고 부르더군요.

한국에서는 흔히 '역적(逆敵)'이라는 표현을 쓸 때 일본에선 전범이라고 하는 게 흥미로웠습니다. 그리고 일본에서 전범이 매우 나쁜 의미로 쓰인다는 걸 그때 알았습니다. 살짝 충격이었습니다. 왜냐하면 저는 그때까지 일본은 과거사에 대해 전혀 반성하지 않으며, 태평양전쟁에 대해서도 제대로 가르치지 않는다고 생각해 왔기 때문입니다.

물론 일본에서 생각하는 과거사에 대한 반성과 한국에서 생각하는 그것은 차이가 있습니다. 일본에서는 어리석은 군부 때문에 전쟁에 끌려들어가 민간이 큰 피해를 입었다고 생각하는 쪽이 다수입니다. 그리고 그 과정에서 주변국이 입었던 피해보다는 이 때문에 자국민들이 입은 상처와 비극에 더 주목합니다. 반면 한국과 중국 등에서는 주변국의 희생에 대해서 제대로 성찰할 것을 요구하고 있습니다.

일본인들은 전쟁의 피해자일까, 가해자일까.

2006년 영화 〈이오지마에서 온 편지〉가 개봉됐을 때 국내에서 논쟁이 벌어진 적이 있었습니다. 이 영화는 태평양전쟁의 대표적 격전으로 꼽히는 이오지마 전투를 사이고라는 일본군 병사의 시선으로 풀어낸 작품입니다. 클린트 이스트우드라는 미국 감독이 찍었는데도, '우익' 논란이 벌어진 것은 영화 속 일본 국민이 정부의 소모품

처럼 다뤄지면서 죽음을 강요당하는 존재로서 그려졌기 때문입니다. 전쟁을 일으킨 것은 일본인데, 일본인이 피해자로 그려지니 식민 지배를 당했던 한국 입장에서는 불쾌했던 것이죠.

어쩌면 이 책을 읽은 일부 독자는 〈이오지마에서 온 편지〉 때와 비슷한 느낌을 받을 수도 있을 것입니다. 다카하타 이사오가 아홉 살에 고향 오카야마에서 겪은 공습의 이야기가 상당 부분 펼쳐지기 때문입니다. 하지만 페이지를 넘길수록 다카하타 이사오가 말하려는 것은 단순히 '우리가 이렇게 고통을 겪었다'는 게 아니라는 점을 알 수 있습니다.

그는 전후 일본이 겪었던 민주주의 바람과 그 토대 위에 만들어진 평화헌법의 중요성을 거듭 강조하고 있습니다. 이 책에서 그는 우물쭈물하다가 잘못된 선택이라는 걸 알면서도 끌려가는 일본인들의 체질을 지적합니다. 그러면서 아무리 보완 장치를 많이 달아도 군사화를 허용할 경우 일본은 다시 커다란 비극을 겪을 수밖에 없을 것이라고 말합니다. 다시 말해 그가 초반에 이야기하는 전쟁의 비참한 체험은 일본이 평화헌법을 포기할 경우 벌어질 비극에 대한 묵시록적인 경고의 장치입니다.

영화 이야기가 나온 김에 지난해 초 인상 깊게 봤던 작품 하나를 더 꺼내 볼까 합니다.

아오이 유우, 다카하시 잇세이, 히가시데 마사히로 등 일본의 톱스타들이 출연한 〈스파이의 아내〉라는 작품입니다. 스토리는 이렇습니다. 1940년 일본 고베에서 큰 무역상인 남편은 집은 온통 서양식 인테리어로 꾸미고, 위스키는 영국산만 마시는 리버럴리스트(liberalist)입니다. 국가에서 국민복을 입으라는 권고는 무시한 채, 친구가 준 고급 비단으로 양복을 맞춰 입는 사람이죠. 걱정하는 부인에게도 퉁명스럽게 "내가 그런 바보 같은 명령에 따를 것 같아?"라고 비웃습니다.

정치와는 무관할 것 같은 그가 사업차 만주에 갔다가 관동군의 대규모 생체 실험을 보고 달라집니다. 경악한 그는 이를 국외에 폭로하려는 계획을 세우다가 부인과 또 충돌합니다.

"당신의 목표는 무엇인가요"
"전쟁에 소극적인 미국이 일본을 침공하게 하는 거지."
"그러면 어떻게 되는 거죠?"
"일본은 분명히 패배할 거야."
"당신은 우리 군인들이 죽어도 좋나요?"

"나는 국가가 아니라 세계 만국의 정의에 충성해."

영화는 전쟁으로 인해 파탄을 향해 가는 가족과 그를 둘러싼 주변 관계, 그리고 전체주의 사회와 개인의 갈등을 극적으로 풀어 갑니다. 생체 실험에 대한 부분도 어설프게 피하지 않고, 각종 노트와 기록 필름 등을 보여 주며 정면으로 다룹니다. 비위가 약한 저 같은 사람은 차마 보고 있기가 좀 힘들어서 눈을 감기도 했습니다. 영화를 다 본 저는 이것을 제작한 것이 일본 공영방송인 NHK이고, 일본의 유명 배우들이 출연했다는 점에 놀랐습니다.

2019년 8월 반일 열풍이 한창이던 때 일본에서 본 한 방송도 떠올랐습니다. 유명 배우 아야세 하루카가 원자폭탄이 떨어진 히로시마 곳곳을 방문해 당시 생존자들의 증언과 기록 등을 보면서 이야기를 나누는 특집 프로그램입니다.

우리가 기대하는 '반성'은 없었지만 어리석은 선택을 한 뒤 치른 값비싼 대가가 무엇인지는 확실히 보여 주고 있었습니다. 너무나 비극적이고 암울해서 도저히 전쟁이라는 선택을 다시 할 것 같지 않았습니다. 저는 이런 점이 아베 정권의 지지율이 높았을 때도 '평화헌법'을 흔들지 못했던 배경이라고 생각합니다.

한일 관계는 여전히 풀어야 할 숙제가 많습니다. 그런데 가끔은 '사과'가 무엇과도 바꿀 수 없는 지상 목표처럼 여겨지는 것이 아닌가 하는 의문이 들 때도 있습니다.

우리는 두 가지를 기대하고 있습니다. 하나는 과거사에 대한 일본의 '확실한' 반성이고, 다른 하나는 과거와 같은 침략과 전쟁이 재발하지 않도록 하는 것입니다. 둘다 중요한 일이라고 생각합니다. 그러나 차이가 있다면 전자를 위해서는 아직도 많은 시간과 노력이 필요하고, 후자라면 지금이라도 함께 시작할 수 있다는 점입니다.

독일의 사례도 참고할 필요가 있습니다. 제2차 세계대전 후 나치에 대한 청산 교육을 더욱 철저하게 한 건 서독보다는 동독이었습니다. 그도 그럴 것이 소련은 독일과 사투를 벌여, 미국보다 더 큰 희생을 치렀고, 공산주의자들은 나치에 대한 철저한 부정을 통해 혁명의 당위성을 설파해야 했기 때문입니다. 그런데 통일 후 네오나치가 기승을 부린 건 동독 지역이었습니다. 어떻게 설명할 수 있을까요. 개개인의 자각 없이 이뤄지는 국가적 캠페인은 역사의 교훈을 얻는 데 아무런 도움이 되지 않는다는 점입니다. 마치 지금의 중국 정부처럼요. 제2차 세계대전의 피해자라는 점을 부각하면서 한편으로는 일대일로와 영토 확장에 대한 야심을 감추지 않는 중국, 그리고 전쟁의 가해자였지만 평화헌법을 고수하면서 미·일 동맹으로 묶여 있는 일본 중 어디가 더 위협적일까요.

어디까지나 만약입니다만, 한국에 경제-군사적 우위를 업고 일본을 눌러 그들의 총리가 무릎을 꿇고 사과하는 날이 온다고 합시다. 그렇다고 한들 일본인 개개인의 마음속에서 진정성이 없다면 무슨 소용이 있을까요. 순간의 후련함은 있을지 몰라도 궁극적으로 동아시아의 평화를 구축하는 길은 아닐 겁니다. 마치 동독 지역의 네오나치 사건처럼 말이죠. 저는 과거사 문제의 진정한 해법은 대통령이나 총리가 주고받는 정치적 사업이 아니라 역사를 피하지 않고 전쟁을 혐오하는 사람들과의 연대에서 찾을 수 있다고 생각합니다. 우리가 바라는 근본적인 변화는 거기에서 찾아야 합니다. 그런 점에서 저는 이 책이 주는 메시지가 적지 않은 울림을 갖고 있다고 생각합니다.

사실 처음 번역을 맡게 되었을 때는 어떤 내용이 펼쳐질지 궁금했습니다.

〈엄마 찾아 삼만리〉, 〈빨강머리 앤〉, 〈반딧불이의 묘〉,

〈추억은 방울방울〉등 제가 초등학생 때부터 대학생 때까지 즐겨 본 작품을 만든 거장의 이야기였기 때문입니다. 그런 그가 과거를 회상하는 내용이라고 하니 호기심이 생기지 않을 수 없었습니다.

책을 덮고 나니 그의 또 다른 '명작'을 보고 난 기분이 들었습니다. 이 책 하나로 무언가 큰 변화가 일어날 것이라고는 생각하지 않습니다. 하지만 동아시아의 평화를 위해 자유민주주의 체제의 두 사회가 함께 길을 걸어가야 한다면 그 시작점은 여기서부터라고 확신합니다.

유성운

당신이 전쟁을 원하지 않는다면

1판 1쇄 발행 2022년 3월 30일

지은이   다카하타 이사오
옮긴이   유성운
책임편집   김효진
교정교열   정혜인
디자인   우주상자

펴낸곳   마르코폴로
등록번호   제2021-000005호
주소   세종시 새롬남로98. 902-701. (우) 30127
이메일   laissez@gmail.com

KIMI GA SENSO O HOSSHINAI NARABA

by Isao Takahata

© 2015, 2018 by Kayoko Takahata

Originally published in 2015 by Iwanami Shoten, Publishers, Tokyo.

This Korean edition published 2022

by Marco Polo Press, Sejong City

by arrangement with Iwanami Shoten, Publishers, Tokyo